世界一やさしい
内向型の教科書

内向型カウンセラー
井上ゆかり 著

ライフコーチ
本橋へいすけ 監修

世界文化社

はじめに

この本は、**「内向型のあなたが『らしさ』を活かしてラクに生きられるようになる本」**です。

今この本を手に取っているあなたは、こんなことを思っていませんか？

「自分が好きじゃない」
「変わりたいけど、どうしたらいいかわからない」
「自分に自信を持てるようになりたい」
「周りにふり回されず、もっとラクに生きたい」

もしそうなら、**あなたのその心の重荷が、本を読み終える頃にはふわりと軽くなっていることをお約束します。**

こんにちは。内向型カウンセラーの井上ゆかりです。

この本を手に取っているあなたは、こんな風にお悩みなのではないでしょうか。


「質問されても、すぐに答えられない」

「誰かと会った後は『ああ言えばよかった』と後悔ばかり」

「仕事の要領が悪くて、周りに迷惑をかけているのがつらい」

「ひとりの時間がないと、ぐったりしてしまう」


もしかしたら、あなたは私と同じ、内向型かもしれません。


そんなあなたに、お伝えしたいことがあります。

もう、これ以上がんばる必要はありません。**その生きづらさは、あなたの内向型の気質を変えずに解消できます。**

むしろ、**あなたが持つ内向型の「らしさ」を活かしながら、自分の価値観を大切に**

して、毎日をいきいきと過ごせるようになるでしょう。

そう断言するのは、私自身が内向型と向き合い、抱えてきた「生きづらさ」を克服した経験を持っているからです。また、これまでに内向型カウンセラーとして1万人以上の内向型の方々と接する中で、みなさんが「自分らしさ」を取り戻し、その個性の活かし方を習得して、いきいきと活躍するまでの変化を目の当たりにしてきました。

「自分を肯定できるようになってうれしい！」
「自分の短所だと思っていた部分が、見方を変えれば長所になると実感した」
「内向型だからこそできる、やりたいことが見つかった」
「苦手なことは変えられない。でも対処法がわかって、人生が変わった」

そんなうれしい声をたくさんいただいています。

いまこの本を読んでいるみなさんは、「もっと積極的になりたい」「誰とでもすぐ打ち解けられるようになりたい」と思っているかもしれません。自分の気質と反対側の、いわゆる「外向型」になろうとしている状態です。

その必要はありません。

私自身の経験、またこれまでに行ってきた内向型の方々との相談実績から、断言します。

内向型は、直すべき短所ではありません。あなたが内向型の気質を活かして輝くための方法を、この本で一緒に見つけていきましょう。

＊

私は20代の頃、夢だったブライダル業界の仕事で強いストレスを抱え、適応障害を発症しました。仕事のことを考えると激しく気分が落ち込み、お客様の前に立てなくなってしまったのです。永遠にも思えた休職期間を経て復職、独立したのち、たまたま見つけたブログで「内向型」について知りました。そのとき初めて、私が内向型なのだと自覚したのです。


「私の生きづらさの理由はここにあったんだ！」

肩の力が抜け、心の底から、ほっとしたのを今でも覚えています。

取り寄せた本に書かれていた内向型の特徴は「私のことを見て書いた？」と思うほど、私の気質を言い当てていました。


「内向型のことを、もっと知りたい！」

そう思った私は、さらに内向型について学びを深め、X（旧Twitter）で自分の経験や変化をつぶやき始めました。すると、同じような悩みを抱えている方からの共感や「いいね」をいただくようになり、それが徐々に内向型カウンセラーとしての活動につながっていったのです（活動当初は「内向型コンサルタント」という肩書を使用）。

現在までに、1万人の内向型の方と接し、「内向型を直さず活かす」ためのお手伝いをしてきました。

＊

この本では、これまで出会った内向型のみなさんにお伝えしてきた**「内向型を直さず活かす」方法**をご紹介します。

日本でも、内向型に関する本はたくさん出版されています。ただそれらは外国人の著者によるものが多く、日本ではなじみのない慣習や文化の中の事例で、参考にしづらいエピソードも少なくありません。

また、内向型について「わかる」にとどまり、「かわる」を実感しづらい本が多いことも事実です。**本書では、「わかる」だけでなく私自身の経験と実績に裏打ちされた「かわる」ためのメソッドをご紹介**しています。

もうほかの誰かになろうとしなくていいですし、苦手なことをがんばる必要もありません。**まずは、自身に対する「自分には何もない」というレッテルを剥がし取りましょう。**

この本を通じて、あなたの得意なことや苦手なこと、大切に思うことやそうでないことを、丁寧にひもといていきます。そうすることで、つい自分に厳しくなっていた思考のクセが取れ、少しずつ自分を受け入れられるようになります。

そして本来の自分を取り戻し、**自分にとって大切な価値観を尊重しながら、人生を歩み、選択できるようになっていく**でしょう。

もうすでに持っている**「内向型だからこその強み」を活かして、自然体のまま、ありたい自分・なりたい自分を叶えていくことができる**のです。

本書の第1章では、私たち内向型が生きづらさを感じる原因を、内向型の5つの悩みを例に解説します。

第2章から第4章は、「内向型を直さず活かす」ための3つのステップ形式になっています。第2章はステップ1、内向型の本来の特性について「知る」章です。第3章はステップ2、生きづらさを抱える内向型に必要な「整える」方法をご紹介します。自分では気づけないほどの心と体の疲れをほぐしていきましょう。そして第4章はいよいよステップ3、「内向型を活かす」方法をお伝えします。自然と行動できるから、自然と習慣になる。そんな小さく始める方法を解説します。

最後の第5章では、人間関係、仕事、恋愛&パートナーシップ編に分けて、内向型が抱えがちな悩みとその具体的な対処法をお伝えします。内向型だからこそできることを詰め込んだので、ぜひみなさんに試して、取り入れていただきたいです。

本書が、内向型の自分について「わかる」だけでなく、内向型のままで、ありたい自分・なりたい自分に「かわる」までをガイドする、心強いパートナーになれたらうれしいです。

もくじ

第2章

ステップ1

誤解されがちな内向型を正しく「知る」

第3章 ステップ2 がんばり屋さんの自分を癒やして「整える」

第4章　ステップ3　強みを「活かす」小さな習慣を始める

（第5章）内向型じぶんのトリセツ

『世界一やさしい内向型の教科書』の歩き方MAP

「内向型を直さず活かす」までの道

（第1章）で
内向型が抱える
生きづらさの原因を知る

私たちの自己肯定感が
低いのはどうして？

（第2章）で
内向型自身も誤解している、
本当の内向型を「知る」

内向型は「静かな人」
じゃない！

（第3章）で
がんばりすぎている
自分を癒して「整える」

「静かな時間」で
体も心も休ませよう

疲れたら戻ろう！

（第4章）で
強みを「活かす」
小さな習慣を始める

自然と強みが
あふれ出す！

（第5章）で
「らしさ」を活かして
ラクに生きる！

心地よく働く、
人とつながる

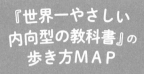

あなたの内向型度がわかる診断テスト

次の24個の項目のうち、自分に〝よく当てはまるもの〟に
チェックをつけ、チェックがいくつあるか数えてみてください。

1 予定が詰まっていると気が滅入る ☐

2 電話で話すのが苦手 ☐

3 会話の途中なのに、考え込んで自分の世界に入るときがある ☐

4 誰にも会わない日が数日続いても苦にならない ☐

5 どんなに楽しくても、人と会ったあとはしばらくひとりになりたくなる ☐

6 喜怒哀楽があまり表に出ない ☐

7 ひとりで黙々と作業を進めるのが好き ☐

8 飲み会や知らない人との交流会が苦手 ☐

9 初めての場所や新しい環境はいつも緊張する ☐

10 人が近くにいたり雑音があったりする場所では、作業に集中できない ☐

11 予定外の頼まれ事が入ると、ものすごく焦ってしまう □

12 本やWEBコラムなどを読んで知らないことを学ぶのが好き □

13 雑談より互いの内面など深い話をするほうが楽しい □

14 決められたことをコツコツ続けられるタイプだ □

15 自分の言動を後悔して落ち込むことが多い □

16 頭の中で文章を組み立ててから話し出すことが多い □

17 口数が少なく聞き役になることが多い □

18 文章や歌、絵、写真などで表現するのが好き □

19 大人数より1対1で話すほうが好き □

20 あらゆる可能性を考えて慎重に判断するタイプだ □

21 質問に即答するのは苦手で、できればゆっくり考えてから話したい □

22 話すより文章にするほうが気持ちを伝えやすい □

23 外出や旅行のあとはすごく疲れやすい □

24 同時に複数のことを進める状況に強いストレスを感じる □

診断テストの結果と解説

いかがでしたか？　当てはまった項目の数が多いほど、
内向型度が強いといえます。

チェックをつけた項目の数

20～24個 → 内向型
13～19個 → まあまあ内向型
10～12個 → 両向型（内向型度と外向型度が同じくらい）
5～ 9個 → まあまあ外向型
0～ 4個 → 外向型

診断結果はあくまで指標のひとつ。
厳密に分けられるものではありません。
「当てはまる数が少ないほどいい」というものでもないので、
結果に一喜一憂せず、
参考として受け取っていただけたら幸いです。

第1章

なぜ、内向型は生きづらさを感じてしまうのか？

よくある内向型の人の5つの悩み

これまで「内向型カウンセラー」として活動する中で、さまざまな内向型の方々の悩みをお聞きしてきました。みなさんに共通しているのは、私も含め**内向型の人は、外向型にとってはなんてことない状況や環境に、ストレスを感じやすい傾向がある、**ということ。

内向型によくある悩みをお伝えすることで「自分だけじゃないんだ」と安心していただけることも多いです。そこでまずは、内向型の人が抱える代表的な悩みを5つご紹介します。

悩んでいるのはあなただけではありません。本書の後半では悩みの原因や解消方法もご紹介しているので、楽しみにしていてくださいね。

悩み❶　質問にすぐ答えられない

内向型の人は、「どう思う？」と質問されたときにすぐに答えるのが得意ではありません。本当はゆっくり考えてから答えたいのですが、沈黙の時間も、答えを待たせる間に感じる視線も苦手です。焦ってその場しのぎで適当に答えたり、相手に合わせたりした経験を持つ方も多いのではないでしょうか。

質問内容を理解して、頭の中で自問自答
↓その答えをどう伝えたらいいか整理
↓一度文にして脳内リハーサル
↓それからやっと、声を発して返答する

私たち内向型は情報を受け取ってからアウトプットするまでの間に、考える時間がたっぷり必要です。こちらが一生懸命考えていることを察して相手が待ってくれるなら問題ないのですが、内向型の思考回路を知らない人からは、「優柔不断だ」「自分の意思がない人だ」と判断されてしまうことも。また、急いで答えようとして、周りの意見に合わせ続けていると、「八方美人」と思われてしまう場合もあります。

「すらすらと自分の考えを伝えられるようになりたい」

これは内向型の人たちに、非常に多い悩みのひとつです。

悩み❷ 大人数が集まる場所に行くと疲れる

内向型の人は、たくさんの人が行き交う騒々しい場所が苦手です。大人数の飲み会やイベントなども、(たとえその場では楽しいと感じていても)帰り道では、ぐったり疲れてしまいます。帰宅したあと、**部屋でぼーっとする時間やひとりきりになれる時間がないと、心も体もなかなか回復しません。**

体力がないことにコンプレックスを感じたり、時間をめいっぱい使って楽しめたらいいのにと思ったり、アクティブな人をうらやましく感じます。

悩み❸　予定外のことが起きると余裕がなくなる

内向型の人は、予期しない出来事に対して臨機応変に行動することがあまり得意ではありません。**ゆっくり考える時間があれば対応できる力はある**からこそ、瞬時に対処しなくてはいけない状況に苦手意識が強くなります。

特に仕事の場面では、急に新しい業務がふってきたり、作業を遮るように電話がかかってきたり、集中したいときもかまわず話しかけられたりする状況があり、ストレスを感じる人が多いようです。

悩み❹　同時に複数のことを進めるのが苦手

「人と比べて要領が悪い自分は、どこかおかしいのでは？」と不安に思ったことのある方もいるかもしれませんが、心配いりません。詳しくは後述しますが、内向型は「脳内の情報の通り道が外向型よりも長い」ため、**情報処理に時間がかかるのは実は**

自然なこと。情報量が多くなるとその分、整理する時間が長く必要になります。同時に複数のことを進めるマルチタスクも、頭で処理する情報量が増えてしまうため、苦手な人が少なくありません。

悩み5 「ひとり反省会」が止まらない

人と別れてひとりになった帰り道、内向型の私たちの頭の中では、「ひとり反省会」が始まります。

友だちとの雑談でうまく答えられなかったこと。仕事の打ち合わせで自分の考えを伝えきれなかったこと。飲み会で思うようにリアクションができなかったこと——。

そのときの出来事を思い返しながら「あ

帰り道に脳内で「ひとり反省会」

のときああ言えばよかったな」「本当はこういう態度をしたほうがよかったよな」と自分に厳しくダメ出しします。「本当に私が言いたかったのはこういうことなんだよなあ」と訂正したくなったことのある方も多いのではないでしょうか。

ふり返って自分のふるまいを改善しようと思う姿勢は向上心ともいえるので、それ自体は悪いことではありません。でも、**うまくできなかったことばかりに着目し、自分に厳しくダメ出しするクセがついてしまうと、自信がなくなって、他人とコミュニケーションを取ることが億劫に**なってしまいかねません。

これも内向型に多い思考のクセのひとつ。この本で一緒に手放していきましょう。

Point

- **内向型は共通した悩みを持っている**
- **悩んでいるのは、あなただけじゃない**

内向型が生きづらさを感じる、本当の理由

生まれたときは、存在するだけで愛される赤ちゃんだった私たち。一体いつから内向型と外向型の差が生まれるのでしょう。

なぜ、私たち内向型は生きづらさを感じてしまうのでしょうか？

実は、私たちを取り巻く〝外の世界〟が大きく影響しています。

私たちの歩みを、順を追って見ていきましょう。

〝外向型推し〟は、小学校から始まる

小学1年生の春、学校の門をくぐると〝外向型推し〟の集団生活が始まります。

「みんなと仲よくしましょう」
「授業では手を挙げて発言しましょう」

学校内でのあるべき姿を求められ、元気で明るく積極的であるほど、先生や友だちからの評価は上がります。それまでは「ゆかりちゃん」と名前を呼んでくれていたのに、入学後は「○○小学校１年１組の井上さん」と、集団の中のひとりになって、みんなと協調することが求められるようになります。

休み時間にひとり、教室で静かにしていると、先生から「外でみんなと遊ばない？」とやわらかなプレッシャーをかけられます。学校での様子を心配した親から「もっとお友だちと遊んだら？」などと声をかけられたら、内向型の子どもにとっては二重苦です。

もしかしたら、親も子ども時代に**「元気で明るく」「みんなと仲よく」といった、いわゆる外向的なふるまいを求められて育ってきたのかもしれません**（親がナチュラルな外向型という可能性もあります）。

このように、先生も親も**〝よかれと思って〟外向的にふるまうことを勧めてくるた**

め、無意識のうちに「今の自分じゃダメなんだ」と感じるようになっていきます。

難易度が高い友だちづくりやコミュニケーション

〝外向型推し〟の息苦しさは、友だちとの関係性にも表れます。

特に「そこそこの仲の友だち」が集まる、クラスの休み時間、部活の部室、塾の休憩時間などを思い出していただくとイメージしやすいかもしれません。

内向型は、外向型のように軽快に質問の受け答えができない傾向があるため、**盛り上がっている雑談の輪に入っていけないことがあります。**場の雰囲気を悪くしないように周りの意見にうなずいて、リアクションするので精いっぱいになりがちです。

「暗い性格だと思われたくない」

「変な子だと思われたくない」

ついその場を取り繕ってしまうのです。

私も、基本的に3人以上での会話が苦手です。みんなの話の内容を頭の中で理解することに忙しいので、考え込むようなしかめっ面になってしまうことも。学生時代は「おとなしい人」とか「愛想はいいけど何を考えているかよくわからない人」と思われていたかもしれません。

一方、私の頭の中は大忙しで、「私が今話してもいいのかな」「私ばっかり話しすぎかも」「この話題、みんな飽きてないかな」などとあれこれ気にしていました。

内向型は決してコミュ障ではなく、１対１の会話や深く語り合う場はむしろ好きで得意なのですが、学生生活によくある軽めの会話で苦い経験をすると、「私と話してもおもしろくないだろうから、相手に申し訳ない」「あの子みたいにノリよくしゃべれたらいいのに」と自分のコミュニケーション能力に自信がなくなっていきます。

さらに進級・進学時などには、初対面の

３人以上での会話では様子をうかがいがち

相手に新しい自分で接しようとしていつもの3倍くらいのテンションで臨んでしまい、あとでどっと疲れが出ることも。偽りの自分をずっと続けられるわけではないので、2回目以降に会うときにコミュニケーションを取るのが億劫になってしまいます。

外向型仕様が多い職場環境

学生時代が終われば、晴れて社会人。ところが多くの内向型にとっては、会社も生きづらさを感じやすい環境です。いくつか例を挙げてみましょう。

❶騒々しいオフィス

働き方は多様化しているものの、オフィスや店舗で働く場合の多くは、電話の音や、同僚・お客様の話し声をBGMにして業務にあたらなければいけません。

音に敏感な傾向がある内向型にとって（全員ではありませんが）、**雑音や人の気配があるにぎやかな環境では集中しづらい**です。苦手な環境での業務は、どんなに好きな仕事内容だったとしても、ストレスが溜まっていきます。

❷求められる受け答えの速さ

　ビジネスの場面でも、テンポのいい受け答えのできる人間が評価されやすい傾向があります。**会議や打ち合わせ、プレゼンの場に苦手意識を持つ方も**多いでしょう。ハキハキと発言する人が主体的で有能に見えて、発言しない人が消極的でやる気がないと評価されやすいのはつらいところです。

言葉がすぐ出ないことも

❸急な業務の発生

　職場によっては、決まった仕事以外にも、急に別の作業をお願いされたり、ほかの人のフォロー、トラブルへの対処に入らなければいけなくなったりという場面も起こりえます。瞬発的な判断が苦手な私たちにとって、**臨機応変な対応を求められるポジションや仕事内容であるほど、ストレスを感じやすくなります。**

④飲み会やイベントへの参加

また、親睦を目的とした飲み会やイベントを積極的に開催する会社は、今も少なくありません。プラスの効果もあると思うのですが、あまりに頻繁だったり参加を強制されたりする風土だと、私たち内向型には負担に感じます。心をすり減らし、その疲れを翌日まで引きずってしまうこともめずらしくありません。

このように、私たちは、長年の社会生活の中で、「外向型の人が優秀だ」という価値観にさらされて生きてきたのです。

生きづらさを感じる本当の理由は、「もっと積極的にならないと」「思ったことをすぐ言えるようにならないと」など、自分と反対のいわゆる「外向型であるべき」という偏った価値観が採用されていること。

この価値観の中で評価され続けると、知らず知らずのうちに「今の自分のままじゃダメなんだ」「もっと成長しなくちゃ」「私の努力が足りないんだ」という意識が心に刻まれていきます。すると、「内向型の性格は直すべき悪いもの。外向型にならないといけない」という思い込みがどんどん強くなっていってしまうのです。

Point

- **生きづらさの原因は学校教育から**
- **「外向型＝優秀」は誤った刷り込み**

自己肯定感、下がっていませんか？

近年、「自己肯定感」という言葉が広く知られるようになりました。

「自己肯定感」とは「自分が『あるがままの自分であって大丈夫』という感覚」です。

（高垣忠一郎著『悩む心に寄り添う　自己否定感と自己肯定感』新日本出版社刊より）。

私の実感では、**内向型は自己肯定感の低い人が多い**ようです。きっと、共感される方も多いのではないでしょうか。

内向型の自己肯定感が低い原因は、先ほどお伝えしたように、学校、家庭、友だち、会社……これらの環境の中で長い間、「外向型になるべき」という状況に身を置いてきたこと。詳しくはのちほど解説しますが、内向型と外向型は脳の構造が違うため、内向型が外向型になることは容易ではありません。また本来、外向型になる必要もないのですが、〝外向型＝優秀〟という価値観が刷り込まれているため、**内向型は「もっとがんばらなくちゃ」と、自分に厳しくなる傾向があります**。

こうして自己否定の経験を重ねてしまうことで、内向型は社会生活を経るほどに、自己肯定感が下がりやすくなってしまうのです。

Point

- **内向型は自分に厳しい**
- **「努力が足りない」と自分を追い込みがち**

内向型を「直そう」とすると「自己否定」が加速する

今、この本を読んでいる方の中には「外向型は、いつも自信にあふれている。私も外向型のようにふるまえたら、自信が持てるはず」と思っている方もいるかもしれません。そこでひとつ、私自身のエピソードをお話ししたいと思います。

がんばり方を間違えてしまった就活

私にとって就活は、苦い思い出のひとつです。

当時観たドラマをきっかけにウエディングプランナーにあこがれを持ち、ブライダル業界の内定を目指して就活を始めました。

ブライダル関係の会社説明会や業界志望者向けの講座に足を運ぶと、周りは華やかな人ばかりでした。みんなの前で手を挙げて自分の経験を流暢に自己ＰＲする人や、積極的にグループをまとめる人、誰とでもすぐ仲よくなって会話に花を咲かせている人。その雰囲気に圧倒されました。一方、私は笑顔で話を聞くだけで精いっぱい。内心では「私もみんなについていかないと」「もっとがんばらないと」と必死でした。

今から思えば、**当時は自分と向き合おうとせず、「私もみんなみたいにならないと」と、外向型になろうとがんばっていた**のだと思います。

いざ臨んだ面接では、内向型の自分とは真逆のキャラクターになりきって、臨機応変さや行動力をアピール。「みんなと同じ」を目指していました。結果は、全滅。ほとんど一次面接すら通りませんでした。当時は「まだ努力が足りないんだ」「私には強みも誇れる経験もないからどうしよう」と、どんどん自信を失っていました。

あのとき、外向型になろうとせず、自分の経験をふり返り、性格や得手不得手を知ろうとするべきだったと思います。「じっくり考える力を使って抜け漏れのない進行を実現できる」「アイデアをかたちにするための完遂力がある」などといったことが本来アピールすべきことでした。**外向型と同じ土俵に上がろうとせず、内向型だからこその強みを自覚してアピール**できていたら、結果は違ったかもしれません。

このように客観的に見ていただければ、**無理して外向型のようにふるまっても結果に結びつきにくく自信にもつながらない**と、わかっていただけるでしょうか。

次のページの図をご覧ください。

〈自己肯定感の高低×内向型・外向型の度合い〉でタイプを４つに分けたものです。縦軸は自己肯定感の高低を表しています。横軸は、左側を内向型・右側を外向型としました。

「自分なんて」と思っている内向型は、今「C」にいます。そして、**内向型を「直そう」というとき、「C」から「D」への横移動を考えています**。その先に、自己肯定感を上げる道が続いていると思っているのです。

ところがその道は、いばらの道です。前述したように、まず内向型から外向型にな

自己肯定感と内向型・外向型の関係

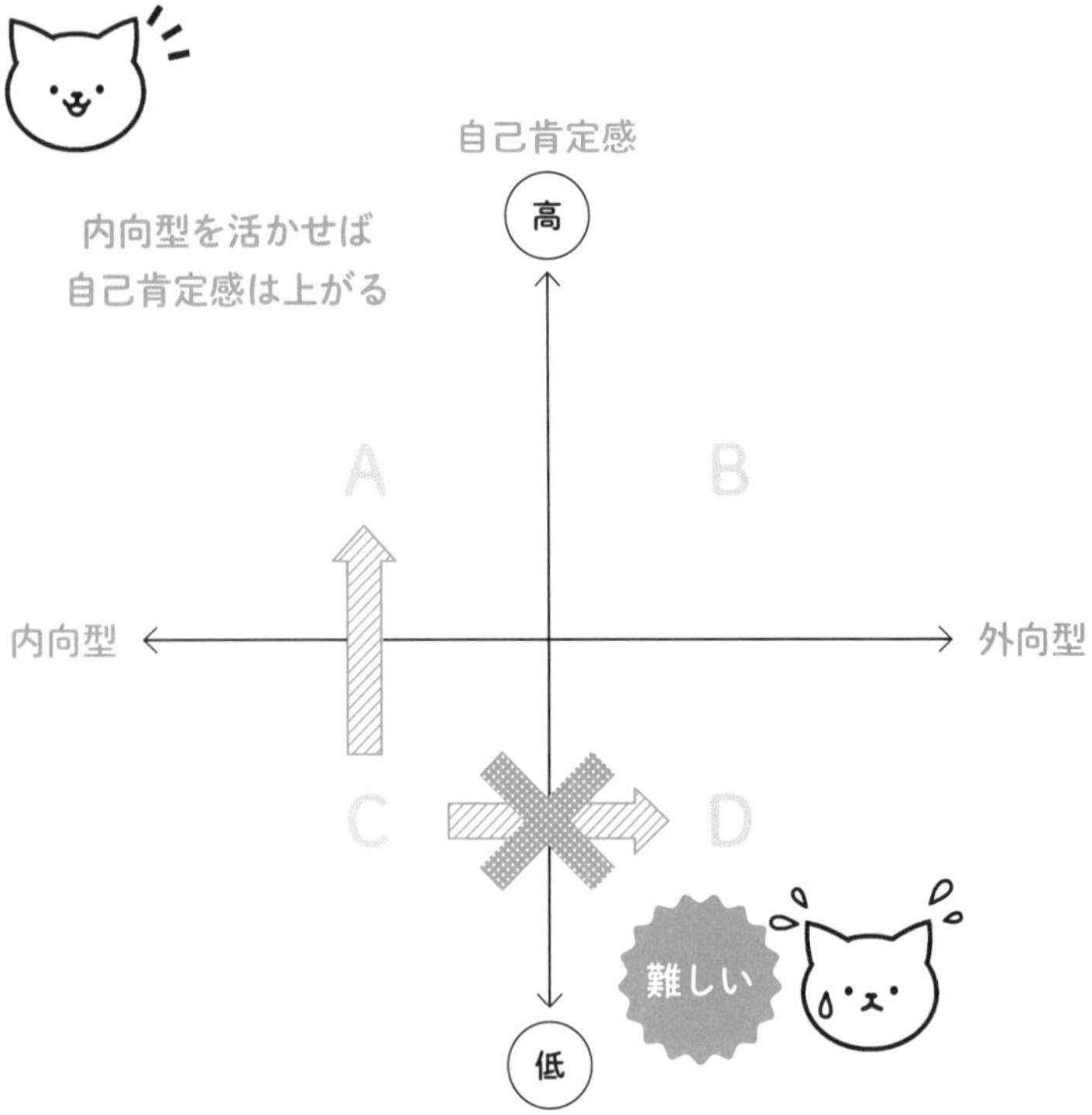

内向型から外向型を目指す「C → D」の横移動は難しい。
内向型のまま、内向型の特性・強みを活かすことで、
自己肯定感は自然と上がる。

る、「C」から「D」への移動が容易ではないからです。

もちろん、一時的に外向型のようにふるまうのはできないことではありません。努力してできなかったことができるようになると、その瞬間は満足や自信を感じられるでしょう。ですがその高揚感は一瞬のものでしかありません。自己否定が前提にあるので、「がんばり続けなければ」と焦りと不安が増すばかりです。

私たちが**本来目指すべきは、外向型になることではありません。内向型のまま、自分の特性・強みを理解して活かすこと。そうすれば、自然と自己肯定感は上がります。**「C」から「A」へ。縦の移動を目指すのが、内向型の「生きづらさ」を解消する最短ルートなのです。

Point

- **内向型の自分を受け入れよう**
- **その先に「〝らしさ〟を活かしてラクに生きられる」未来がある**

内向型を「活かそう」とすれば「自己肯定」が始まる

今度は、内向型らしさを活かしてうまくいった例をお話ししたいと思います。

内向型の強みを活かせた原体験

私の人生を思い返せば、学生時代のテスト勉強は、内向型らしさをうまく活かせた成功体験のひとつです。

「みんなで一緒に勉強して教え合うほうが、勉強がはかどる」という人もいると思いますが、私は周りに人がいるとまったく集中できないタイプ。テスト勉強は、学校や塾に残らず、必ず家でひとり、黙々と取り組んでいました。

一夜漬けで点数を取れるクラスメイトや、先生や友だちに聞いて要領よく勉強する人がうらやましく思ったこともあります。時間をたっぷりかけてコツコツがんばらないと結果が出せない、とコンプレックスにすら感じていました。

ですがこれは裏を返せば、**「ひとりで時間をかけてコツコツ続ける」のが内向型の私に合ったやり方**だということ。**瞬発力よりも持久力**が持ち味だったのです。

時間をかけてコツコツ勉強したことで、大学進学時も希望の学部に入学できました。**目標に向かって突き進む達成欲**も、自分を活かす後押しになってくれたと思います。

学生時代の勉強の経験は、**ひとりで集中できる環境と、学ぶ時間をたっぷり取ることが私の成功パターン**だということを教えてくれました。思えばこれが、私の**「内向型を直さず活かす」**原体験となっています。

就活のときの私のように、つい外向型と比べて、できないことばかりに目を向けてしまう内向型の人は多いと感じます。ですが、外向型に得意なことがあるのと同じで、**内向型にも得意なことや強みはたくさんあります。**

内向型の代表的な強み

- 周りの力を借りなくても、自分ひとりで集中して取り組める
- 学習意欲が高く、常に新しい知識を取り入れて成長できる
- 情報収集をしたうえで判断、行動できる
- 事前準備をしっかり行って対応できる

そして、私が自分流でテスト勉強に取り組んで結果を出せたように、苦手なことを克服するよりも**得意なことをやったほうが、がんばった感覚なくラクにうまくいきます。**うまくいくから「私にもできる」と自信につながり、「私のままでいいんだ」と自分を少しずつ認められるようになっていくのです。

Point

- **あなたにも、「内向型の強み」はある**
- **強みを使えば、ラクにうまくいく！**

内向型は持って生まれた、誇るべき「自分らしさ」のひとつ

私は、10代、20代、30代と、環境や相手が変わっても同じようなことで悩んでいました。**テンポよく会話できない。考えてからでないと行動できない。要領よくできない。周りの人と比べて自分は欠点ばかりに思えて、その原因は自分の努力が足りないからだと、自分を否定してばかり**でした。

そんな私が変わるきっかけになったのは、2回の転職ののち、フリーランスとして働き始めた頃のことです。

「ひとり静かな空間で、自分のペースで、やりたいことができる働き方をしたい」

そう思って、自分の未来に期待して会社を辞めたにもかかわらず、がんばるほどに自己肯定感が下がっている状況に、私は危機感を覚えていました。

ある日のこと、「自分に自信がない」「自己肯定感を上げたい」とＧｏｏｇｌｅで検

索して何かヒントがないか探していました。そのときたまたま見つけたブログに『内向型を強みにする　おとなしい人が活躍するためのガイド』（マーティ・O・レイニー著／パンローリング刊）という本の内容が紹介されていたのです。そのとき初めて「内向型」という言葉を知りました。

箇条書きで記された内向型の特徴を読んだときに「なんで私のこと知ってるの？」と、とても驚きました。それと同時に**「私だけじゃないんだ。こういうタイプの人ってけっこういるんだ」**とほっとしたんです。

「私は内向型なんだ」と自覚した瞬間でした。

そこから、自分のことをもっと知りたいという思いで、内向型についてさらに調べ、本を読むようになりました。そうするうちに、内向型寄りなのか外向型寄りなのかは、ある程度、遺伝で決まるといわれていることも知りました。知識として知ったことで、少しずつ、自分の特性や傾向を受け入れられるようになっていきました。

それでも正直、すぐに「内向型を活かそう」とは思えませんでした。

「内向型だとわかったけど、結局は外向型にならなきゃいけないんだよね？　外向型にならないとうまくいかないんでしょ？」という思いが拭えず、内向型らしさを活かすイメージができなかったからです。

そこから考え方が大きく変わるきっかけになったのは、とあるトークライブを聞きに行ったことでした。ひとりのフリーランスの方が登壇されて、仕事が軌道に乗るまでの経緯や自分の強みの活かし方のお話の中で、こんな風におっしゃったのです。

「自分が過去に救われた経験に共通するキーワードが、あなたの軸です」

それを聞いた瞬間、私の中にこんな思いが浮かびました。

「私は自分が内向型だと知って、少しずつ自分を受け止められるようになった。

私は〝内向型〟という言葉に助けられた」

今まで頭の中でバラバラだったものが一気につながった気がしました。

そして、転職やフリーランスへの転身など、働き方を変えてきた経験は、自分の内向性を活かしたくて模索してきた軌跡だと、プラスにとらえ直すことができました。

私のこれまでの人生でも、これからの人生でも、内向型は切っても切り離せない軸なんだ。だったら、**内向型らしさは自分の一部だと受け入れて、そのうえでどうしたいか、何ができるかを考えてみよう**、と腹落ちしました。

そこから、私の人生は少しずつ変わり始めました。

「内向型カウンセラー」として、内向型に関する情報発信やカウンセリングをスタートし、自然が望める場所で過ごしたくて、東京から福岡に移住しました。これも、内向型の自分に心地いい環境を選んだ結果です。

この本を読んでいるみなさんに、ご提案があります。

外向型になろうと無理をして、がんばっては挫折して、**外向型になれない自分のことがどんどん嫌いになる……そんな負のループを断ち切りましょう**。「ないものねだり」を手放して「すでにあるもの」「持っているもの」に意識を向けましょう。

内向型の私たちに苦手なことは、確かにあります。でもそれと同様に、内向型の私たちだからこそできることもあります。**すでに持っているものやできることを磨くことで、自分らしさを発揮して輝くことができます。**

自信のなさから他人の評価にふり回されるのをやめましょう。**「周りがどう思うか」ではなく「自分がどうしたいか」**を大切にできる自分になりませんか。

「外向型にならなければいけない」という呪いを解いて、「内向型を直さず活かす」生き方に舵を切る。これこそが、内向型が自分らしく生きる道です。

内向型が「今持っているカード」に目を向ける

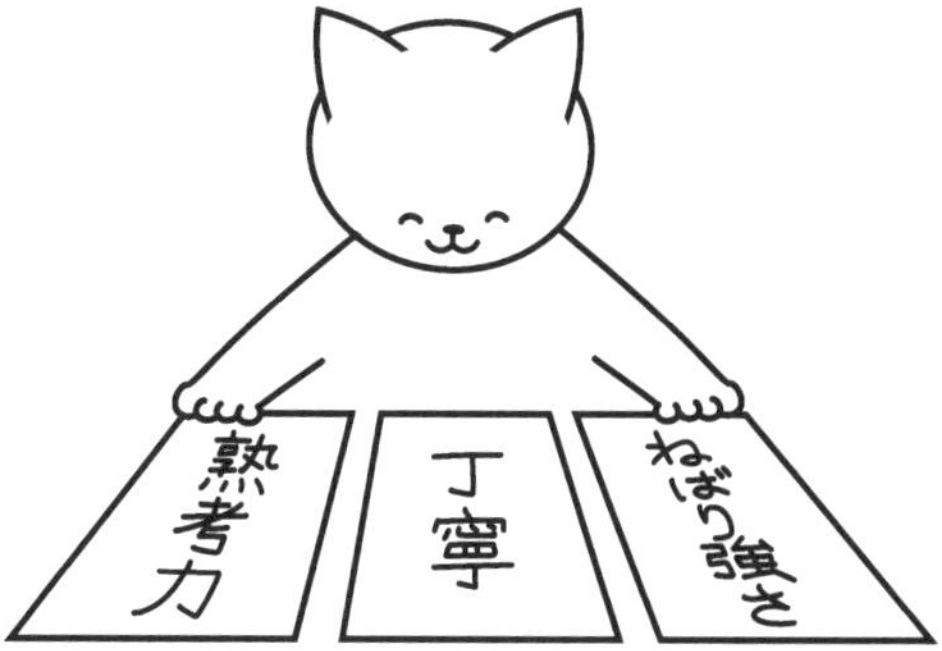

Point

- **「外向型にならなきゃ」という呪いから自由になろう**
- **その先に「生きづらさ」からの解放がある**

ネガティブ思考はなくさなくていい

「〝内向型を活かす〟を叶えて自分を好きになりたい。自分に自信を持ちたい。でも私にできるのかな」と不安になっている方、「考えすぎてネガティブ思考になってしまう自分が嫌だな」と感じている方もいるかもしれません。

「内向型を活かす生き方」をするには、足かせになっているネガティブ思考をなくして、ポジティブ思考に変わることが必要でしょうか？

答えはＮＯ。**ネガティブ思考をなくす必要はありません。**

元Ｇｏｏｇｌｅ Ｘの最高業務責任者であるモー・ガウダット氏は、『Ｓｏｌｖｅ ｆ

or Happy―グーグルX最高業務責任者が発見した仕事や人生を豊かにする方程式』（ミライカナイ刊）という本の中で、「ネガティブな思考を維持することは、人間の脳における初期設定の一部なのです。ひっきりなしに続く思考の終わりのないサイクルは、人間の基本的な本能である『生き延びること』に役立つのです」と述べています。

つまり、**私たち人間が「生き延びる」ためにネガティブな思考は欠かせないもの。**なくそうとしても、なくならないものなのです。

ネガティブ思考だからこそのメリット

- 不安になるから、事前準備に精を出して、ミスや無駄を減らせる
- 後悔したから、同じことを繰り返さないように工夫や改善ができる
- 悲しくなったから、やさしく声をかけてくれた人に感謝の気持ちを感じられるほかの人にもやさしくしようと思える

常にポジティブ思考でいられることを理想に掲げてしまいがちですが、ネガティブ

思考ができるからこそ、成長できる、適切な判断ができるようになるともいえます。

ネガティブ思考の存在そのものは受け入れつつ、距離感やつき合い方を変えていこうとする姿勢が重要です。**ネガティブとは「矯正」ではなく「共生」する。**上手につき合っていきましょう。

第3章の「心を整える」の項では、ネガティブ思考と向き合い、整理する方法をご紹介します。モヤモヤすることが多くネガティブ思考に悩んでいる方は、こちらも参考にしていただけたらうれしいです。

ネガティブとともにいこう！

Point

- **ネガティブ思考も「よりよく生きる力」**
- **ほどよい距離感でつき合っていこう**

第2章

ステップ1

誤解されがちな内向型を正しく「知る」

2人に1人？ 内向型は意外と多い！

いよいよ、「内向型を活かす」ためのステップ1、「内向型を正しく知る」お話をしたいと思います。**自分を活かすためにまず、自分を知ることから始めましょう。**

これを読んでいるみなさんは、「どうして私だけ、うまくできないんだろう」と悩んだ経験が一度や二度はあることと思います。普段生活していると、内向型の特性に困っているのは自分だけで、周りの人が外向型ばかりに見えるかもしれません。

実は、**内向型の割合は2人に1人**ともいわれています。諸説あり、3〜4人に1人だという人もいますが、意外と多いですよね。

内向型・外向型という言葉はスイスの精神医学者カール・グスタフ・ユング（18

75 - 1961）が性格分類を目的につくったもので、当初は科学的根拠がなかったそうです。ですがその後、研究が進むにつれて、内向型と外向型では脳や遺伝子のつくりに違いがあることがわかってきました。

内向型と外向型の違いは思考回路などの内面にあるので、見た目や第一印象で、相手が内向型か外向型かを判断するのは難しいです。決して陽キャが外向型、陰キャが内向型というわけではないので要注意。社交的で交友関係が広い人も、実は内向型というケースもあるので、思っている以上に、あなたの周りにはたくさんの内向型仲間がいるかもしれません。

さらに、一般的に外向型のほうがいい評価をされることが多いので、本人が意識しているかは別にして、**外向的にふるまっている「隠れ内向型」も意外と多い**です。あなたの隣で「飲み会？　行く行く！　すごく楽しみ！」と喜んでいる人も、本当は内向型かもしれませんよ。

実はあの人も内向型!?

Point

- 内向型は2〜4人に1人
- 「隠れ内向型」は意外と多い

内向型は「静かな人」ではなく、「静かな時間を求める人」

みなさんは、「内向型」と聞くとどんな人をイメージしますか?

私がこれまでに主催したセミナーや講座、ＳＮＳで内向型の方々に同じ質問をすると「口数が少ない」「コミュニケーションが苦手」「ひとりが好き」などの答えが返ってきます。また「内向型」の意味を調べると、「内気な人」「他人との接触を好まない人」などと書かれています。

日本でもベストセラーになったスーザン・ケイン著『内向型人間の時代　社会を変える静かな人の力』（講談社刊）や、ジル・チャン著『「静かな人」の戦略書　騒がしすぎるこの世界で内向型が静かな力を発揮する法』（ダイヤモンド社刊）では、「静かな人」と表現されており、「内向型＝静かな人」いうイメージが強いかもしれません。

「内向型」は、内気な人、コミュニケーションが苦手な人、静かな人……。

口数が少なく控えめな「静かな人」が内向型なのでしょうか？

私は、違う考えを持っています。

口数が少ない内向型もいるとは思いますが、一方で、**話すことが好きな人も、普段は人見知りでも仲のいい友人とならば話がつきない人もいます。**初対面の人と話したり、大勢の前で話したりするのが苦手なだけで、**社交的で明るい内向型もいます。**

つまり、内向型は「静かな人」とは限りません。

では、内向型とは結局どんな人なのでしょうか？

内向型をひと言でいうと**「静かな時間を求める人」**だと私は考えています。
内向型の新しい定義なので、このあと詳しく説明していきますね。

Point

- **社交的で話し好きな内向型もいる**
- **内向型は「静かな人」じゃない**

静かな時間を求める内向型、にぎやかな時間を求める外向型

内向型と外向型の違いについて、オックスフォード大学やハーバード大学で教鞭を執った研究者のブライアン・R・リトルが、興味深い説明をしています。
「生理学的には、外向型――内向型の違いは、脳の新皮質の特定領域における覚醒レ

人は最適な覚醒レベルのときに、高いパフォーマンスを発揮できる。最適な覚醒レベルは、人によっても異なる。内向型は普段の覚醒レベルが高く、外向型は低いといわれている。
参考：Yerkes,R.M. & Dodson,J.D（1908）

ベルの違いだと考えられています。つまり、**外向型の人は普段の覚醒レベルが低く、内向型の人は高い状態にあります**」（『自分の価値を最大にする　ハーバードの心理学講義』大和書房刊）

「覚醒レベル」とは、「覚醒水準」とも呼ばれる心理学用語。パフォーマンスにかかわる緊張状態のレベルのことをいいます。「覚醒レベルが高い」とき、心拍数は上がり、興奮・緊張状態になります。**いいパフォーマンスを発揮するには、ほどよい緊張感のある、適度な覚醒レベルが理想**です。

覚醒レベルが高すぎると、心臓がバクバクして舞い上がってしまいますし、低すぎると、集中力に欠けて本来の力を発揮できなくなってしまいます。
私たち**内向型は、その「覚醒レベルが高い状態」が標準**なのだそうです。
そのため、**少しの刺激でも心拍数が上昇し、不快に感じやすい**のです。

一方、外向型は、標準の覚醒レベルが低いため、刺激が多いほど覚醒レベルが適切な水準に上がり、調子が出てきます。外向型に「集中力を上げるために大音量でノリのいい音楽をかける」人がいるのは、そういう理由があったのです。

反対に内向型は、人が多く集まる商業施設や満員電車、爆音が鳴り響くイベント会場など、刺激が増えすぎると心身ともに疲れて余裕がなくなってしまいます。内向型が脳の覚醒レベルを適切に保つには、時間の使い方・行く場所・人と会う回数など、外から受ける刺激の内容や量を自分に合うように調整することが有効です。

だから内向型は、**受けた刺激を「静かな時間」で和らげる必要があります**。
外向型の中にも「ひとりの時間が好き」という人はいると思いますが、内向型にとっては「**静かな時間が取れないと倒れてしまう」くらいなくてはならないもの**。そのため、「静かな時間が好きな人」より「静かな時間を求める人」という表現のほうが合っていると思います。

内向型は「静かな人」ではなく「静かな時間を求める人」。

似ているようで意味はまったく違います。

内向型の意味を誤ってとらえていると、「私は内向型だから、静かでおとなしい性格なんだ」と自分を内向型の枠に押し込んでしまいます。

「内向型」という〝言葉の呪い〟にとらわれると、なんでも内向型のせいにして自分を諦め、自己評価が下がってしまうのです。

内向型は「静かな時間」で回復する

内向型と外向型の違いは「求めている時間の使い方」であり、本来、どちらがいい、悪いと評価されるものではありません。辛党の人と甘党の人がいたときに「辛いものを食べられる人のほうがすごい」とはなりませんよね。辛いものが好き、甘いものが好き。それ以上でもそれ以下でもありません。内向型と外向型も同じです。

こう考えると、内向型に対するネガティブなイメージが溶けていって、ポジティブにとらえられるのではないでしょうか。

私たち内向型が自分らしくいるために大切なのは、**刺激を受けすぎないように「静かな時間」を定期的かつ十分に取って、心の余白を確保すること。**「静かな時間」があれば、内向型は心穏やかに、元気に過ごすことができます。

Point

- **「覚醒レベル」が高い内向型は、刺激が苦手**
- **「静かな時間」で心の平穏を取り戻そう**

静かな時間❶ ひとりで考える時間

内向型に必要な「静かな時間」は、大きく分けると、２種類あります。

ひとつめは、「ひとりで考える時間」。内向型のみなさんは、**ひとりで考える時間をできるだけ取って、頭の中の情報を整理するようにしましょう。**

マーティ・O・レイニー著『内向型を強みにする　おとなしい人が活躍するためのガイド』（パンローリング刊）によると、内向型は外向型に比べて、**情報が通る脳内の道が長くて複雑なので、情報を理解して噛み砕くのに時間がかかりやすい**そうです。

内向型は受け取った情報を噛み砕いて整理して、自分の考えをまとめる、という一連の流れに時間を要するので、その場に応じたとっさの対応に苦手意識を感じるのも無理はありません。

ですが裏を返せば、内向型は短時間で考えをまとめて伝えるのが苦手なだけで、**「考える時間」さえあれば、外向型と同じように（あるいは外向型よりも深く）情報整理ができる**ということです。

つまり私たち内向型は、**自分のペースで静かに「ひとりで考える時間」をいかにつくるか**が大切。誰にも邪魔されずにひとりで考え事ができる時間は、私たちに心の余裕を与えてくれます。内省して思考を深めることが好きな人も多いので、考える時間を取ることで気持ちを落ち着けることもできます。

「考える」行為はいつでもできますが、大切なのは**ひとりになれる静かな環境を整えて自分の内側に入り、内省する時間を取る**こと。紙に自分の考えを書き出すのもおすすめです。自分の頭の中が可視化されて、考えが整理されるためです。**日々インプットして頭に溜まっている情報や考えをデトックスする習慣をつくりましょう。**

気がかりなことを整理する

- 日々のＴＯ ＤＯを書き出す
- 後回しにしている用事をリストアップする

自分の気持ちを整理する

- 最近モヤモヤしていることを紙に書き出す

自分の考えを整理する

- 仕事の場面や日常の会話で、質問された内容とその答えを改めて書く
- 気になったニュースに対する感想や意見をひと言書く

「毎日忙しくて、そんな時間を取れる気がしない」という方もいると思います。そういう方には、「ひとりで考える時間」の枠を予定に入れておくことをおすすめします

（「静かな時間」を確保する方法については、第3章で詳しくご紹介します）。

なお、考えて書き出したことは頭の中の引き出しに整理してストックされます。**引き出しにストックされた考えは、いざ誰かと話すというときに取り出しやすくなっているため、**人とスムーズに話をしやすくなるというメリットも大きいです。

Point

- **「ひとりで考える時間」を意識して取ろう**
- **頭の中を整理しておけば、受け答えもスムーズに**

静かな時間❷ 自分を癒す時間

もうひとつ、内向型にとって大切なのが、**「自分を癒す時間」**です。

外向型は人と会ったり、にぎやかな場所に出向いたりして、刺激を増やすことでストレスを発散する人が多いのですが、一方の内向型は、ストレスを和らげるために刺激を減らすことを好みます。

みんなで過ごすよりも、ひとりで過ごす。繁華街に出かけるよりも、自宅や行き慣れた場所で過ごす。予定を詰め込んで一日中アクティブに過ごすよりも、ぼ〜っとのんびり過ごす時間を大切にしたい。

自分以外の誰かの存在も刺激に感じる人が多いので、内向型にとって**ひとりで過ごすひとときは、この上ない癒しの時間**です。静かな癒しの時間があるほど、元気を充電することができます。内向型は自分の趣味として、本を読む、テレビや映画を観る、料理をする、絵を描く、美術館に行く、釣りに行くなど、ひとりでも完結することを挙げる人が多いのですが、それもうなずけますよね。

内向型の人は「人とかかわるのが苦手」とよくいわれますが、これは半分合っていて、半分間違えています。**人が嫌いなのではなく、ずっと人とかかわっているのは疲**

れるから苦手、というだけです。

内向型には、**自分にとって安心安全なスペースの中で、誰にも邪魔されない「自分を癒す時間」が必要です。**

普段、頭を使いすぎている人も多いので、体をゆるめて頭を休ませる時間を一日5分でも、自分にプレゼントしてあげましょう。

自分を癒す時間の使い方は、次の第3章で詳しく紹介します。

「自分を癒す時間」を大切に

Point

- **「ひとりで考える時間」「自分を癒す時間」を意識して取ろう**
- **ふたつの「静かな時間」が、あなたを元気にしてくれる**

内向型が避けたい5つの落とし穴

　ここまで、「内向型を正しく知る」をテーマに、内向型とはどんな人のことを指すのかをお伝えしてきました。内向型は「静かな時間を求める人」。内向型は「静かな時間を取る」ことで、元気を回復します。

　ただ、静かな時間を十分に取れるようになったとしても、苦手意識を感じて自己肯定感が下がるような場面が増えてしまっては、内向型を活かすのが難しくなってしまいます。内向型の苦手なシチュエーションを知ること、そしてそれがなるべく起きないように意識することも大切です。

　そこで本章の最後に、内向型が避けたい5つの落とし穴をお伝えします。

　現実的に１００％避けることは難しいですが、**自分に余裕がなくなっているときに**

「苦手なパターンにハマってるかも！」とセンサーが働くようになります。自分を客観視してパターンから抜け出せるようになるので、傾向と対策を押さえておきましょう。

落とし穴❶ 余白なしスケジュール

お出かけや人との約束、打ち合わせなど、予定があるほど「刺激が増える」ということ。予定を詰め込みすぎないように気をつけましょう。もし自分である程度調整できるなら、**休日の予定は一日ひとつ、多くてもふたつほどに抑える**くらいがちょうどいいです。また、予定と予定の間には十分な時間の余裕を取るようにしましょう。合間の時間で頭の中を整理することができますし、移動や準備に焦ることもなくなります。前の用事が延びてもある程度時間にゆとりを持てるのは、予定外のことが起きると余裕がなくなる傾向がある内向型にとってうれしいポイントです。

仕事など、自分の都合で予定を調整できず、余白なしスケジュールを余儀なくされる場合は、**予定と予定の間の移動時間や数分の休憩時間でリフレッシュする方法をい**

くつか決めておくといいでしょう。心が落ち着く香りを楽しむ、お気に入りの飲み物を飲む、深呼吸や軽いマッサージなどで体をゆるめるなど、場所を選ばずできることを用意しておくのがおすすめです。

また、連日予定が入っている状態にも、私たちはストレスを感じやすいです。気が進まないお誘いは断るなど、できるだけ予定を厳選するよう工夫してみましょう。

落とし穴❷　余白なしコミュニケーション

「静かに考える時間が必要」とお伝えしたとおり、内向型は情報整理〈入力↓処理↓出力〉の一連の作業に時間がかかります。聞かれたことにとっさに答えたり、アドリブで対応したりするのが苦手なので、**質問と回答の間、あるいは発言と発言の間に余白**がないと、相手に十分に伝えることができません。

ですがこれは、裏を返すと**「情報の入力と出力の間に時差をつくる」**ことができれば、本来持っている熟考力を活かして、**より深い提案や返答ができる**ということ。

「時間さえあれば、しっかり考えて答えてくれる人だ」というイメージを相手に持ってもらえれば、その後のコミュニケーションが驚くほどラクになります。仕事や地域活動など複数人で一緒に物事を進める場面では、コミュニケーションに余白をつくれないか、相手に相談してみましょう。

「一度、**整理して考えたいので、お時間いただいてもいいですか？**」

「今の時点ではこう考えているのですが、**時間を改めてご相談させてください**」

大切なのは、このあときちんと熟考した内容を伝えること。時間をもらったまま放置してしまうと大きく信頼を損ない、次からは同じ提案を受けてもらえないでしょう。少し時間はかかるけれど頼んだことを期待以上にやってくれる、メールの対応がいつも丁寧でわかりやすい、タイムラグはあるけれど必ず自分の意見を伝えてくれる、といったポジティブな評価が得られれば、**「考えていないわけではなく、考える時間が必要なだけなんだ」**と周囲に理解してもらいやすくなります。

同じ内向型でも色濃く出る強みにはタイプがあるのですが（詳しくは第4章で取り

上げます）、特にじっくり考えたりコツコツ行動を続けたりすることに長けている人は、その強みを活かして自分が働きやすい環境や雰囲気をつくっていきましょう。

対面や電話でなくても問題なさそうなときは、**コミュニケーションに時差をつくれるメールやチャットでやりとりができないか提案してみる**のもひとつの手です。

コミュニケーションに余白をつくろう
△　余白なしのとき
回答
質問
えーと…汗
◎時間に余白をつくろう
回答
質問
きちんと調べてお返事したいので、
お時間いただけますか？
出力
処理
入力
時間をつくる工夫を

落とし穴❸ 自己犠牲からくる相手ファースト

内向型のうち、「慎重さ」を強みに持つ人は特に、相手の気持ちを優先しすぎてしまう傾向があります。相手を気遣って尊重する姿勢は素敵なのですが、**相手を優先するばかりに自分の気持ちを置いてきぼりにしていませんか？**

相手を大切にすることと、自分を粗末に扱うことは違います。相手と自分を天秤にかけて「私はいいから」と自分を犠牲にするのがクセになると「私が我慢すればいい」「常に相手を優先しなければ」という偏った価値観が育ってしまうことがあります。

相手の気持ちも尊重しながら、自分の気持ちにも寄り添ってあげましょう。まずは友だちとのちょっとした会話の中で挑戦してみてください。たとえば「ランチ何にする？」と聞かれたとき、今までだったら「なんでもいいよ。あなたが食べたいもので」と相手にゆだねていたかもしれません。ですが、「私はパスタが食べたい気分だけど、あなたはどう？」など、自分の要望も伝えるようにしてみましょう。

落とし穴④ 「静かな時間」にネガティブループにハマる

内向型にとって「ひとりで考える時間」は、刺激を減らして自分をケアするための、大切な時間です。ですが、**疲れているときやうまくいかないことがあったときは、思考のスイッチがネガティブモードに入りやすい**ですよね。そういうときの「ひとりで考える時間」は、ネガティブなことばかり考える沼にハマってしまう可能性があります。

ネガティブな気持ちになること自体は悪いことではありません。**誰しも、感情に波があるのは自然なこと**です。ですが、ネガティブな気持ちが必要以上に長引いて、あらゆることをネガティブにとらえてしまったり、自分を責めて傷つけてしまったりする事態は避けたいところです。

風邪の引き始めに早めに薬を飲んでケアするのと同じように、心の風邪をこじらせないための処方箋をあらかじめ持っておきましょう。

「私は今、ネガティブモードかもしれない」と感じたら、意識して「自分を癒す時間」を取るのです。内省しない時間で、頭を休ませてあげます。

ネガティブなことは考えないようにしようと思っても考えてしまうものなので、**何か別のことに集中して「悩む余裕がない状態」を意図的につくるのもおすすめ**です。得意なこと、慣れていることだと考える余裕ができてしまうので、あまり経験がないことや、ほどよい緊張のあること、自分が没頭できるものを選ぶのがポイントです。

例

- 本棚や食器棚などを整理整頓する
- 筆ペンで文字を書く練習をする
- ダンス動画などで体を動かす
- ファンタジー映画を観る

早めのケアを大切に

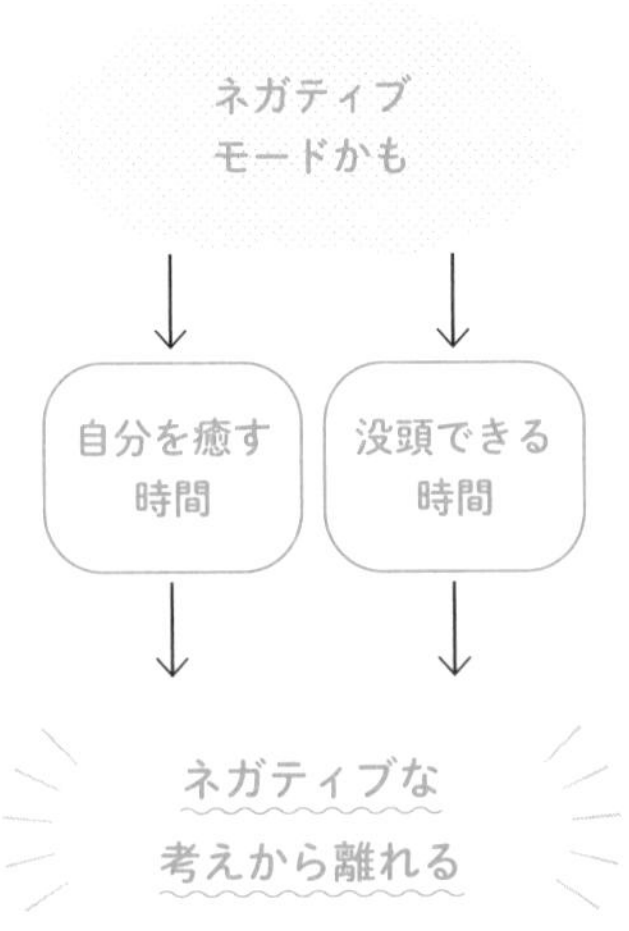

自分ひとりで解決しようとせず、人の力を借りるのもいいでしょう。

ネガティブループにハマらないために、自分の思考と距離を取って客観視するには、他人の視点や誰かからの問いかけが大きな助けになります。誰かひとりでいいので、友人・恋人・家族など**悩みを打ち明けられる人やぼやきを聞いてくれる人に、ゆっくり時間をかけながら話をして**みましょう。

身近にそういう人がいない場合は、オンライン通話やメッセージで話を聞いてくれるサービスもあります。日本最大級のスキルマーケット「ココナラ」（https://coconala.com/）などで検索して利用してみるのもひとつの手です。自分のことをまったく知らない赤の他人だからこそ、話しやすいこともあると思います。

落とし穴❺ 情報収集ばかりで行動できなくなる

内向型の特徴として、学ぶことを好む傾向があります。知識や情報を吸収すると内省を深めることもできますし、自分が知らない世界を知ることができますね。

学びを楽しむうえで**注意すべきは、いつまでも学び続けて、次のアクションに進まないこと**です。知識は使って初めて栄養になるもの。使わなければ脂肪のように溜まってしまいます。そうなると、フットワークも重くなり、何かをしたい、変わりたいと思っても動き出しにくくなってしまいます。また、知識を増やすだけで満足して、自分事に落とし込まないでいると、せっかくの知識も活かせないままですよね。

学びは本来、自分の人生をよりよくしたい、自分や他人を理解したい、仕事に役立てたい、といった目的を叶えるための手段のひとつです。学ぶ際には、学びの前後に問いを立てることを意識しましょう。

学び始める前に**「私は何を知りたくてこれを読むのか？」「これを学ぶことで何がしたいのか？」**と自分に問いかけて「目的」を明らかにするのです。

そして学んだあとには**「学びを活かすための小さなファーストステップは、何をする？」**と自問して、次にやることをメモしたり、スケジュールに入れたりして、学んだ知識を栄養として吸収するのです。それが、学びを活かして進む活力になります。

Point

- **「時間の余白」が、内向型を活かすキーワード**
- **余裕のないときは、落とし穴にハマっていないか確認を！**

内向型とHSPは同じもの？

「最近よく聞く、〝HSP〟は、内向型と同じものなんですか？」
そんなふうに聞かれることがあります。

『「気がつきすぎて疲れる」が驚くほどなくなる「繊細さん」の本』（武田友紀著／飛鳥新社刊）の大ヒットなどにより日本でも広く知られるようになったHSP。Highly Sensitive Personの略で、「繊細な人」などと訳されています。HSP気質の人は、脳の神経システムの〝感じる力〟が生まれつき強いという特性を持っています。

内向型は繊細な面も持っているので、内向型とHSPが同じ意味だととらえられることも多いのですが、**実は内向型＝HSPとは限りません。HSPにも内向的な人と外向的な人*がいて、その割合は7：3**だといわれています。

＊刺激に敏感だけど刺激を欲しがるタイプ

ＨＳＰを提唱したアメリカの心理学者エレイン・Ｎ・アーロン著『ひといちばい敏感な子　「個性」を生かして幸せな未来をつくるために親ができること』（青春出版社刊）によると、ＨＳＰとは以下の４つすべてが当てはまることが条件だそうです。

①深く処理する
②過剰に刺激を受けやすい
③感情の反応が強く、共感力が高い
④ささいな刺激を察知する

内向型とＨＳＰは「深く処理する（＝考える）」「刺激を受けやすい」など重なる部分もありますが、この４つの条件を見ると、内向型になくてＨＳＰにだけある特徴がいくつかあります。つまり、**内向型とＨＳＰは似ている部分もあるけれど違う気質**だといえます。

特徴１　ＨＳＰの気質は変化しない

私が考える内向型とＨＳＰのもっとも大きな違いは、気質が「変化するかどうか」です。内向型の度合いはある程度生まれつき決まっていますが、年齢を重ねたり環境が変わったりすることで、**内向度は変化する可能性があります。対してＨＳＰは生まれ持った気質で、年齢や環境によって変化しない**といわれています。

特徴2　ＨＳＰは五感が鋭い

ＨＳＰは五感（視覚・聴覚・味覚・嗅覚・触覚）が鋭いといわれています。内向型も刺激に敏感なので、五感が鋭い人も中にはいますが、直接的な関連性はありません。

特徴3　ＨＳＰは他人の感情や機嫌を敏感に感じ取る

ＨＳＰは共感力が高いため、他人の感情を敏感に感じ取るそうです。内向型もじっくり考えられる熟考力があるので、相手を理解しようと想像することはあるかもしれません。ですが、**ＨＳＰのように勝手に相手の感情が伝わってくるという感覚は持ち**

合わせていません。

特徴4　HSPは自分と他人の境界線があいまい

　HSPの共感力の高さは、自分と他人の境界線をあいまいにするほどです。たとえば、人の怒鳴り声を聞くと、あたかも自分が怒られているかのように感じてしまい感情が揺れ動きます。内向型にも相手に寄り添う共感力を持つ人はいますが、HSPのように**「自分は自分、他人は他人」と考えるのが難しく他人と同化してしまうということは起きにくい**といえます。

　私も、内向型ではありますがHSPではありません。「自分はどうだろう？」と気になった方は、ネットでもセルフチェックできるサイトがあるので、検索してみてください。

第3章

ステップ2

がんばり屋さんの自分を癒して「整える」

内向型はがんばっていることに気づかない「がんばり屋さん」

近年広まってきた自己理解に代表されるような自己啓発の本や発信のほとんどが、**自分らしく生きる方法として「自分を知ろう」「自分を活かそう」の2つのステップ**を挙げています。私自身、これらの本から学ぶことも多くありますが、内向型の人にとっては、これだけでは足りません。

何が必要か。**「知る」と「活かす」の間に「整える」のステップを入れる**ことです。この本でいう**「整える」とは、心身ともに休息を取ること**。前に進まず、止まって休むことです。

なぜなら、**多くの内向型の人は、自分ががんばっていることに気づけていない「がんばり屋さん」**だからです。

あなたも「がんばり屋さん」かも？　簡単チェックリスト

□「私なんてまだまだ」がログセ（もしくは、よくそう思う）
□褒められたり結果が出たりしても「もっとがんばらないと」と安心できない
□休むのが怖く、何かをしていないと不安になる
□すべてを完璧にできるようにならなきゃと思っている

私の周りや、相談を受けた方の中にも、まじめながんばり屋さんの内向型はたくさんいます。

- 興味のないことや苦手なことでも断れず、これは試練だと思って引き受けてしまう
- 期待に応えなきゃと思うばかりに、ひとりで仕事を抱え込みすぎて毎日残業
- 人に相談したり頼んだりするのも苦手で、自分でどうにかしようと考えてしまう
- 仕事と子育てに毎日追われる感覚。それでも両立したくて寝る間を惜しんで家事
- 自分のことは常に後回しで、美容院にももう何ヶ月も行っていない

疲れている心を休める。普段、一生懸命動いてくれている体をいたわる。

自分を活かすうえで何より大切なことです。第2章で紹介した「静かな時間」で自分を整える方法を詳しく解説していきます。

Point

- **「変わらなきゃ」が根底にある内向型はすでに「がんばり屋さん」**
- **疲れた心身をまずは「整える」こと**

焦燥感に効くのは「がんばる」より、「休む」こと

「〝整える〟よりも、とにかく早く自分を変えたい」

「私は特に問題を抱えていないから、〝整える〟のステップは必要なさそう」

そう思った方もいるかもしれません。

ですが、「整える」の工程をスキップすることは、土台となる基礎工事をせずに家を建てようとすることと同じです。土台が安定していないと家はすぐに崩れてしまいます。どれだけがんばっても、土台づくりを軽視し続ける限り、悩みは解決しません。

多くの人が「自分らしく生きたい」と思っているのにそうなれないのはなぜか。その過程で苦しみを伴うのはなぜか。それは、「整える」工程を飛ばしているからです。

土台は外からは見えないので地味でわかりにくく存在感が薄いですが、とても重要です（この場合、ステップ１「知る」は土

快適な「自分」づくりのために安定した土台づくりを

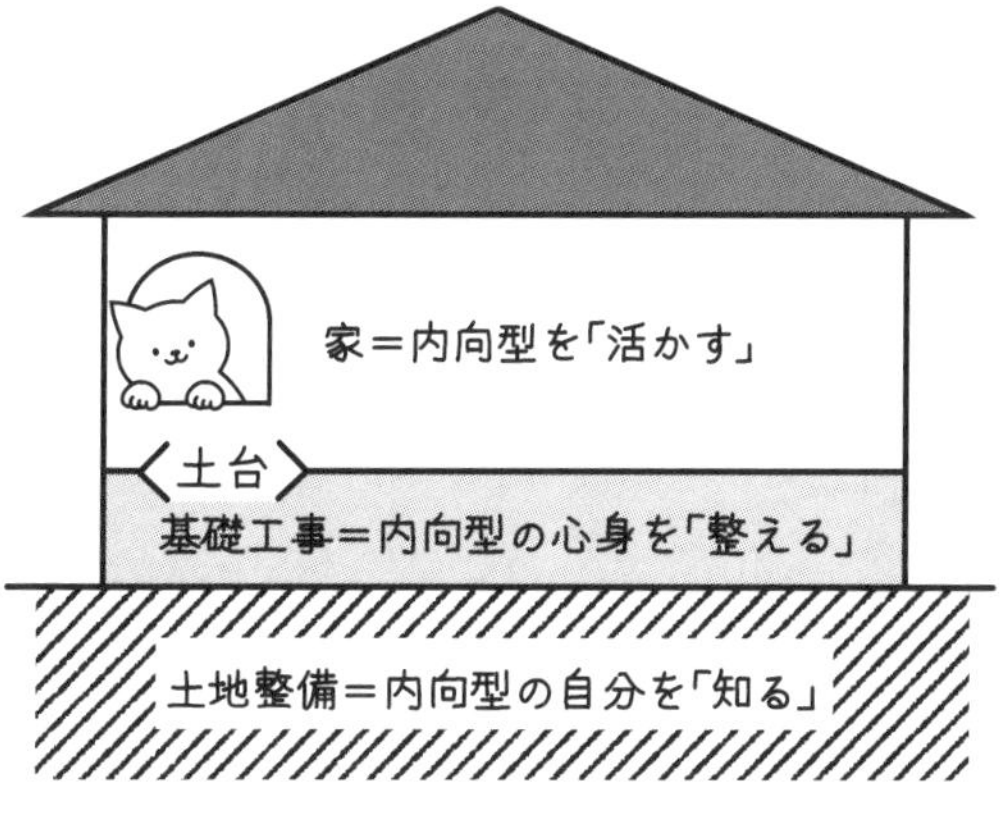

地整備にあたります)。私たちの体と心も、土台をしっかり固めることが大切です。

「整える」ことの重要性を伝えるうえで厄介なところは、自分の健康が損なわれて初めて、大切さを実感できるということです。風邪を引いたとき、おなかが痛くなったとき、日頃当たり前の健康のありがたさを感じますよね。

特に**がんばり屋さんは、自分ががんばっているという自覚がない場合が多い**ので、疲れていることにも気づきにくく、自分の許容量を超えてしまうことがあります。

私が適応障害を発症したのも突然でした。ある日、目を覚ますと、体がまったくいうことをきかなくなっていたのです。大きく体調を崩してからケアを始めても、回復までに時間も労力もかかります。

「私はまだ大丈夫」「もう少しがんばれる」と思っている(思い込んでいる)この絶好のタイミングで、「整える」を始める必要があるのです。

「内向型を直さず活かす」道を進んでいくために、まずは立ち止まって休む。心や体を「整える」ことから始めましょう。これは決して自分を甘やかすことではありません。自分を活かすために必要な準備運動であり、前に進むために大切な、自分にやさしくなれるメンテナンスの時間です。

Point

- **「整える」は内向型を「活かす」ために欠かせないステップ**
- **がんばりすぎている心身にいたわりを**

整える順番は「時間」↓「体」↓「心」

「体と心を整えよう」という話を聞いたことがある人は多いと思いますが、意外と見落としていることがあります。それは、**最初に整えるべきは体でも心でもなく「時**

間」だ、ということ。「忙しくて時間なんてない」と感じている状態では、体や心を整える機会すら自分に与えられません。時間がない中でどうにかしようとしてもうまくいかないので、「もっとがんばらないと」と自分に厳しくなってしまいます。

キャシー・ホームズは著書『「人生が充実する」時間のつかい方　UCLAのMBA教授が教える〝いつも時間に追われる自分〟をやめるメソッド』（翔泳社刊）の中で、**「豊かだという実感をはっきりと増やすには、時間を（節約するのではなく）費やす必要があるのです」**と、自分のために時間を使うことの重要性を説いています。

つまり、整えるのも順番が大事。「時間」↓「体」↓「心」の順番で整えていくとうまくいきやすいです。「そんな時間、見つかりっこない」という方も大丈夫。一緒に、あなたのための「静かな時間」を見つけていきましょう。

内向型は「整える」順番が大事

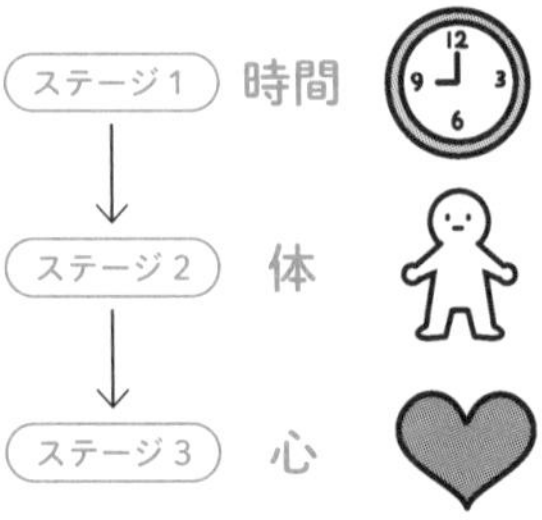

ステージ1

時間を整える

自分のための「静かな時間」を確保する

時間をつくるためによくあるのは、ＴＯ ＤＯリストで優先順位をつけたり、効率よく作業する方法を身につけたりする、という提案です。

ですが実際に私たちに必要なのは、このようなよくある「時間管理」ではなく「時間確保」です。

もう十分がんばっている中でさらに時間を管理しようとすると、気合いで「なんとかする」しかなくなってしまいます。「整える」時間を手に入れるために自分に無理をしてしまっては、本末転倒ですよね。

体と心を整えるための時間管理は、むしろ自分を疲れさせてしまうハードモードの始まり。**「時間管理」ではなく「時間確保」をしましょう。**

「時間確保」とは、時間の使い道の「切り替え」作業。時間の使い方を見直して、本当は自分に必要ないものを手放すことで、**時間のカケラを集めて「静かな時間」を増やしていきます。**

まずは、今の自分が何にどれくらい時間を使っているのか、一日の過ごし方を記録します。お手持ちのノートに書いてもいいですし、バーチカルタイプといわれる時間軸が記載されている手帳を使うと便利です（最近はネットでフリーのフォーマットをダウンロードできます。100円均一ショップで売られているものも、手軽に使えておすすめです）。

平日と週末で時間の使い方が違う方も多いと思うので、生活パターン別に、できれば1週間分を目安に記録してみましょう。

次に、記録を終えたら改めて自分の1週間を眺めてみて、左ページに示した3つの「もったいないタイム」にそれぞれ○□△の印をつけてみましょう。だいたいでいいので、それに費やしている所要時間も横に書いておきます。

「静かな時間」を確保するためのワーク

１日のスケジュールを書き出し、次の時間に印をつけましょう。

○本当はやめたいのについやってしまうバッドルーティン　→○で囲む

　例　SNS やネットニュースをダラダラ見てしまう、行きたくない飲み会に参加する、二度寝

○何をやっていたか思い出せない空白タイム　→□で囲む

○意識すれば少し時短できそうな家事ルーティン　→△で囲む

記入例

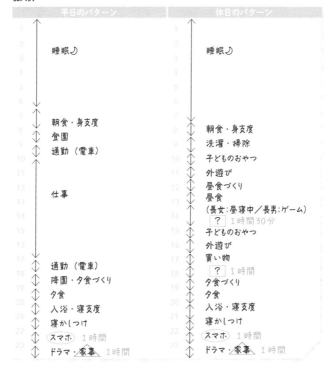

平日のパターン

- 睡眠
- 朝食・身支度
- 登園
- 通勤（電車）
- 仕事
- 通勤（電車）
- 降園・夕食づくり
- 夕食
- 入浴・寝支度
- 寝かしつけ
- スマホ（○）　1時間
- ドラマ・家事（△）　1時間

休日のパターン

- 睡眠
- 朝食・身支度
- 洗濯・掃除
- 子どものおやつ
- 外遊び
- 昼食づくり
- 昼食
- （長女：昼寝中／長男：ゲーム）
- ？（□）　1時間30分
- 子どものおやつ
- 外遊び
- 買い物
- ？（□）　1時間
- 夕食づくり
- 夕食
- 入浴・寝支度
- 寝かしつけ
- スマホ（○）　1時間
- ドラマ・家事（△）　1時間

次に、印をつけた時間の使い方を切り替えて、「静かな時間」を確保します。

○で囲んだバッドルーティン

頻度を減らす、手放す方法を考えます。

挫折しないためのポイントは、**自分の意志に頼らない**こと。人間の脳は怠け者なので、モチベーションでどうにかしようとしても結局、行動に移せないことのほうが多いです。**減らしたり手放したりすることができる仕組みや環境をつくりましょう。**

例）SNSを見る時間を減らす方法

- アプリの利用時間制限ができるアプリを使う
- 家ではスマホを目につかない場所に置いておく
- スマホの電源を切る

例）二度寝を防ぐ方法

- 快眠アプリを使う

- 目覚まし時計を別室に置く
- 起きたい時間付近に予定を入れる

□で囲んだ空白タイム

「何をやっていたか思い出せない」**空白の時間そのものを減らしていきましょう。**

無意識に惰性で過ごしている可能性が高いので、**行動する前に「今から○○します」と心の中で宣言**するクセをつけましょう。主体的に時間を使うことができ、空白タイムが自然と減っていきます。

ちなみに、疲れたときにぼーっとする、休息を取ることは有意義な「静かな時間」なので、これは無理して減らそうとしなくて大丈夫です。

△で囲んだ家事ルーティン

少しでも短い時間で終わらせられないか意識して動いてみましょう。「10分以内に洗濯物を片づけよう！」など、タイムトライアルゲームのように楽しみながら取り組むのが無理なく続ける秘訣です。

ほかには、家事を代行会社にお願いする、お掃除ロボットをレンタルするなど、人や機械に頼る時短術も有効です。自分に合っていたら続けましょう。

また、意外とやらなくていい家事もあるかもしれません。たとえば、下着や肌着などはたたまずに、引き出しにポイッと収納するだけでも困りません。買い物はネットスーパーで届けてもらうという手もあります。手放せる家事を探してみましょう。

これはあくまで一例で、人によって価値観や優先順位は違うので、「自分にとって本当に譲れないことは？」を基準に考えてみましょう。

「やらなきゃ」と**必要以上に抱え込んでいる家事よりも、「内向型を活かす生き方」を叶えて自分に自信を持つことのほうが、本当は重要性が高い**ことかもしれません。

さて、ここまでやってみて、どれくらい時間を確保できそうですか？

ひとつひとつはささやかなことかもしれませんが、1週間単位、1ヶ月単位で見て合算すると、意外と時間があることに気がつくと思います。

このような流れで、定期的に記録を取って**3種類の「もったいないタイム」を見つけて、「静かな時間」を過ごすことに切り替えていきます。**

２児を育てるフルタイムのワーママの場合

小学生と保育園児を育てる内向型のワーママが、この「静かな時間」を見つけるワークを行い、新しい時間を見つけられたと声を寄せてくれました。91ページの記入例は、このママのものです。

彼女は、平日は家と会社の往復、休日も子どもとベッタリで、パパに子どもを任せる以外にひとりになれる時間なんてない、と思っていたそうです。

ただ実際に一日の流れを書き出してみて、**子どもを今より早く寝かしつければ、ひとりの時間を増やせる**ことに気づきました。

特に土日は、夕方の空白タイムを早めに切り上げ、夕食の準備を早くスタートすることで、子どもたちが寝る時間を1時間ほど早めることができました。結果、週末の「静かな時間」を1時間も確保できました。子どもが寝てから作りおきや洗濯などを行うことで効率もアップし、家事にかかる時間も短くなったそうです。

「時間確保」をして増えた分の時間は、「静かな時間」として、次にお伝えするステージ2の「体を整える時間」、ステージ3の「心を整える時間」に充てていきましょう。やるべきことに時間を奪われてしまわないよう、あらかじめ、カレンダーアプリや手帳に書き込みます。このときのタイトルは「静かな時間」「整えtime」「ひとり時間」など自分の心が穏やかになり、テンションがじんわり上がるものを自由につけてみてください。

こうして考えると、**時間は主観的であいまいなもの**ですよね。**あると思えばあるし、ないと思えばいつまでもない。**時間をつくろうと思えば意外とつくれるし、無理と思ったらそこまでです。スマホやパソコンは中毒性が高く、画面を見ている時間は体感以上に長いので、それを減らすだけでも時間を確保することができます。

とはいえ、仕事や家事など現実にはやらなければいけないこともあるので、100%理想通りの時間の使い方をすることは難しいかもしれません。それでも、一日の中で少しでも「自分の意思で時間を使えているな」という感覚が得られると、それだけで幸福度が上がって、自分への信頼が高まります。

Point

●豊かな人生のために、時間の使い方を見直そう
●「あれもこれも」という考えを手放そう

ステージ2

体を整える

自分をやさしくいたわる

マッサージやヘッドスパを受けたときに「ものすごくこってますね」と驚かれた経験はありませんか？　「そんなに私の体って疲れてたの？」と自分でもびっくりしてしまいますよね。ちょっと痛んだり、違和感を覚えたりしたときに我慢すると、不調が〝当たり前〟になってしまいます。これは、**がんばりすぎた結果、痛みや疲れがあることにすら気づけない、麻痺状態**といえます。

不調や痛みを自覚している人はもちろん、自覚がなくても実際は体に負担がかかっている人も多いので、「静かな時間」を使って体を整えていきましょう。

ひとりでもできるおすすめの**「体を整えるリスト」**を難易度順にご紹介するので、興味があるものや好みのものを自由に選んでみてください。

難易度★

15秒深呼吸

［目安2分］

仕事や家事の合間、寝る前などに、「15秒深呼吸」をしてみましょう。ゆったりと椅子に腰をかけ、腕を揺らして力を抜き、呼吸に意識を向けます。今ある息を吐き切って、**ゆっくり5秒かけておなかに息を吸い込みます**。吸い切ったら、次は吸い込んだ倍の時間の**10秒かけてゆっくり息を吐き**

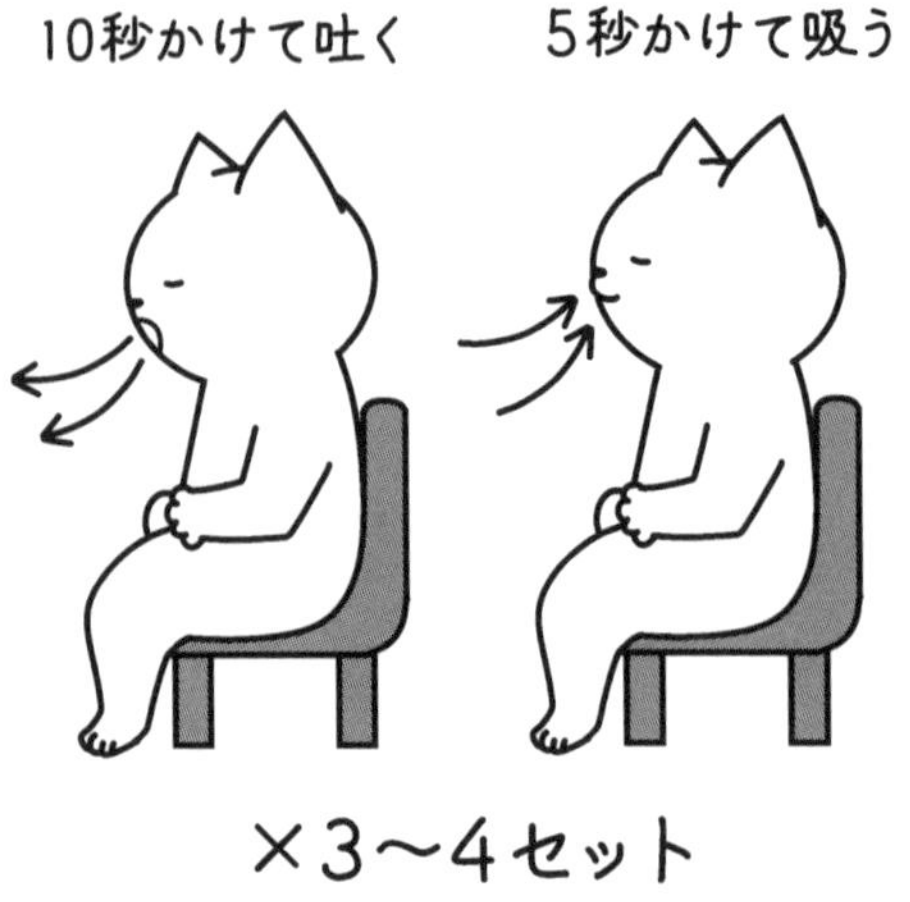

ます。

心地よさを感じたら、そのまま3〜4セット続けてみましょう。いろいろな考えが頭の中に浮かんで呼吸に集中できないときは、おなかに両手を当てて、呼吸に合わせて動くおなかと手に意識を向けましょう。また、視界にものが入ると意識が散漫になる方は、目をつぶるのがおすすめです。

難易度★　よく噛んで食べる　［目安20分］

食事中、テレビやスマホを観ることに夢中になっていませんか？　もしできるなら、特にひとりで食事を取るときは、**テレビやスマホは観ずに、よく噛んで食材の歯触りや香りを味わって**みましょう。

よく噛むことで、満腹感が得られて暴飲暴食のリスクを減らすことができますし、栄養の吸収も促してくれます。いつもより少しだけ咀嚼の回数を増やすだけでも自分の体にやさしくしている感覚を得られて、不思議と心も穏やかになります。

難易度★

ゆっくり湯船に浸かる

［目安30分〜］

お風呂をシャワーで済ませることが多い方は、湯船に浸かる日を増やしてみましょう。**湯船に入って体をあたためることで全身のコリやこわばりが和らいでリラックス**できます。暗いのが苦手でなければ、お風呂場の明かりは消して脱衣所だけつけると、落ち着いた光の中で体を整えるひとときを過ごすことができます。浴室にはデジタルデバイスは持ち込まず、外部からの情報をシャットアウトするのがポイントです。湯気が顔に触れる感覚やシャンプーの香りなど、**お風呂だからこそ五感で感じられることに意識を向ける**ことで、「静かな時間」を過ごすことができます。

入浴剤を何種類か購入して、その日の気分で香りを楽しむのもいいでしょう。

仕事後や休日に、**気分転換がてら近くの銭湯や温泉に**行くのもいいですね。手ぶらで行ける、空や緑が望めるなど、お気に入りの通いやすいところを見つけておくといいでしょう。サウナや岩盤浴でじんわり汗を出してデトックスすると、体だけでなく心まであたたかくなるので、「静かな時間」ルーティンのカードのひとつとして持っておくのがおすすめです。

難易度★★

体をほぐす

［目安５分〜］

デスクワークや勉強で机に向かう時間が長い人、スマホを長時間観る習慣のある人は、首から肩にかけて慢性的にこっている可能性が高いです。首・肩のコリや姿勢の悪さはメンタルにも影響するので、**疲れてきたら伸びや肩回しをして、こまめに体をほぐす**ようにしましょう。

寝る前に**ヨガやストレッチの時間を５分つくる**だけでも、体の調子が変わります。今はヨガのＹｏｕＴｕｂｅチャンネルも豊富なので、自分に合うアカウントを探してみるのもいいでしょう。ヨガやストレッチは呼吸を止めずに行うため、体をほぐしながら**呼吸に意識を向けてマインドフルネス状態**をつくれて一石二鳥です。

ヨガやストレッチも面倒だなと感じる方には、**ボールリリース**をおすすめします。

寝そべった状態で、肩や腰などほぐしたい箇所の下にボールを置くことで、自分の体重でコリをほぐすことができます。床に置いたボールの上でごろごろするだけなので、ズボラな人にはもってこいです。手のひらサイズのものなら出張や旅行にも持っていきやすくおすすめです。ネットで「マッサージボール」「リリースボール」などで検索して手軽に購入できるので、気になる方は検索してみてください。

難易度★★　香りを楽しむ〔目安1分〜〕

先ほど入浴剤の話をしましたが、香りは脳を活性化させるものからリラックス効果を期待できるものまであり、脳科学的にもいいとされています。種類によって期待できる効果は違うので、**目的別にいくつか香りを使い分ける**のも楽しいと思います。

例

- お風呂で…サンダルウッドの入浴剤を入れる
- 寝る前…カモミールのお香をたく

●頭痛がするとき…こめかみにラベンダーのロールオンタイプのオイルをぬる

外出先ならアロマオイルをハンカチに垂らす、自宅ならお香をたくなど、使いたいシーンに合わせて香りを取り入れましょう。好きな香りのハンドクリームやネイルオイルをいくつか購入して、洋服のように気分や場所に合わせて選ぶのもいいと思います。

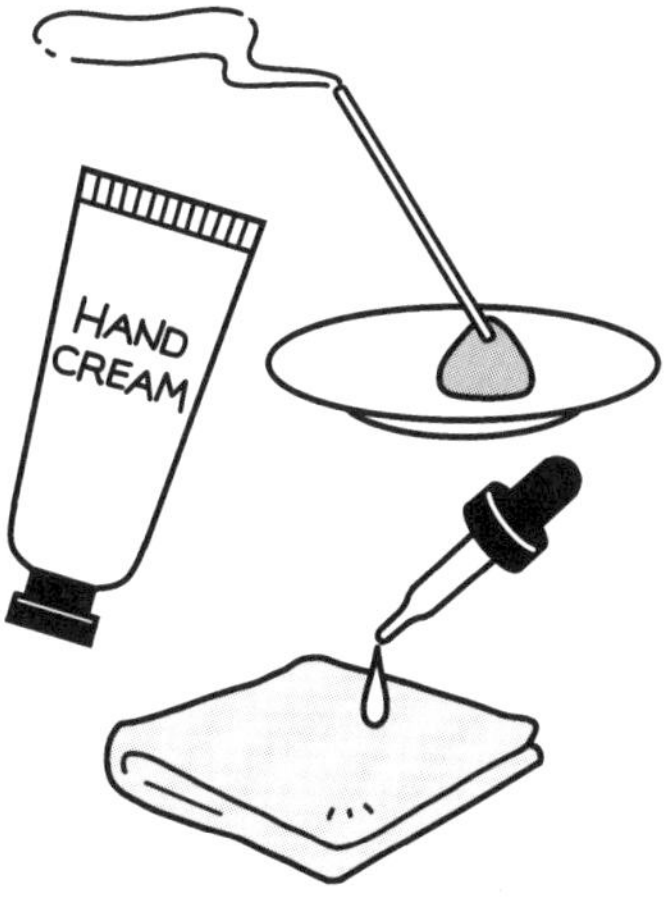

難易度★★

自分に合う睡眠時間を取る

［準備の目安10分〜］

日本人は睡眠時間が足りないといわれています。機嫌が悪くなったりネガティブに考えてしまったり、集中力が下がってミスをしてしまったりする原因は、単純に睡眠不足であることも多いです。心当たりのある方は、睡眠を整えてみましょう。

適切な睡眠時間や入眠のタイミングは個人差があるので、**自分にとってよりよい睡眠のスタイルを探っていく**ことが重要です。

まずは現在の睡眠時間を、だいたいでいいのでアプリや手帳に記録していきましょう。併せて、目が覚めたあとの気分や体調も観察して箇条書きでメモしていきます。しばらく記録を続けていくことで、自分の体調がいいときとそうでないときの睡眠パターンがわかってきます。

同時に、ステージ1の要領で生活リズムを見直して、**調子がいいときの睡眠パターンをほかの日にも実行**できないか、考えてみましょう。

自分にとってベストな睡眠パターンを見つけよう

睡眠メモ

○月○日　24:00~6:00

目覚めすっきり！寝る前のストレッチがよかったのかも

○月▽日　23:30~6:30

7時間くらい寝られるとちょうどいい気がする

○月×日　25:00~8:00

ドラマを観て夜更かししてしまった

寝る直前までスマホを見ると睡眠が浅くなるかも

難易度★★

睡眠の質を上げる

［準備の目安20分〜］

睡眠時間を延ばすのは現実的ではないという方もいると思います。そこで「睡眠の質を上げる」ための工夫もとても大事です。

まずは**寝具**。自分に合った高さや硬さの枕、肌触りのいい布団カバーを選びましょう。敷布団は、長年使用しているとへたってしまうので、使い心地に変化がないか確認します。暑すぎず寒すぎない、適切な体温を保てるよう、寝巻も見直してみましょう。締めつけがないものや肌触りがいいもの、かさばらなくて寝たときに負担がないものを選びます。最近は、疲労回復が期待できるリカバリーウェアも話題ですね。

次に**寝室の環境**もチェックします。空気がこもっていませんか？　埃は溜まっていないでしょうか？　洗濯物や日用品でいっぱいで、気が散る環境になっていませんか？　何かを購入しなくても、片づけや掃除だけで睡眠の質が上がるかもしれません。

睡眠には**照明**も影響します。ほんのり暗い状態がもっともぐっすり眠れるといわれていますが、好みが分かれるところです。真っ暗にしたときと間接照明をつけたときで、熟睡度合いに違いがあるか試してみてもいいでしょう。

難易度★★ 調味料だけいいものにする［目安20分］

食べたものが体をつくるので、体を整えるために食べるものに意識を向けるのも有効です。ただし、毎日のことだからこそ、こだわりすぎると逆に疲れますし、お金の負担も増えてしまいます。

そこでおすすめなのが、よく使う調味料を良質なものにすること。**塩やオイルなど、特に頻繁に使うもの数点だけ**でも十分なので、こだわって選んでみてください。

私が30種類以上の塩を試した中で一番好きなのは、山口県の「百姓の塩」です。オイルは、オリーブオイルソムリエが運営しているオンラインショップ「74 cabotte」(https://74cabotte.com/)でテイストが違うものを2～3種類、購入しています。

コンビニやお惣菜なども利用して家事の負担を軽くしつつ、自炊するときはこだわった調味料を使ってみてください。いつもと同じ野菜や肉・魚を使っているのに、びっくりするほどおいしくなり、食事の満足度が上がります。調味料は一度買えば数ヶ月使えるので、毎回の食材をこだわるよりも圧倒的にコスパがよく、試しやすいです。

難易度★★　自然を感じる　［目安15分〜］

多くの内向型にとって、都会のにぎわいは刺激が強すぎるので、**自然がある場所に行って刺激の量を減らし、「静かな時間」を過ごす**のは性に合っています。

緑の景色が望めるようなレストランに食事に行くのもよし、自然の中にある温泉やサウナに行くのもよし、公園で体を動かすのもおすすめです。足を運ぶのが難しい場合は動画で、森や海の景色と音を楽しんでみましょう。

難易度★★★　体を動かす　［目安15分〜］

体をほぐしたり休ませたりして少しずつ整ってきたら、ぜひ運動も取り入れてみましょう。体を動かすと、仕事や家事で疲れたときとはまったく別物の心地いい疲労感を得られます。おいしく食事をいただけて、良質な睡眠にもつながっていきます。

体を動かしている間はそれだけに必死になるので、**嫌なことがあって落ち込んでいても、ネガティブ思考と距離を取ることができます。**スポーツ用品メーカーの株式会社アシックスが行った研究では「約15分9秒」の運動が、精神にポジティブな影響をもたらすという結果が出たそうです。15分なら、気軽に取り入れられそうですよね。

今すぐお金をかけずにできる運動のひとつが**散歩**です。近所や通勤経路を歩いてみましょう。外出したときに階段を使うのも、ついでにできるいい運動になります。

私が最近始めてよかったと思っている運動が、**水泳**です。

誘われて恐る恐る始めたのですが、肩こりや頭痛、足のむくみも和らぐので、ストレッチよりも簡単に体の緊張が取れる気がします。大抵のジムはお風呂やサウナが併設されているので、夜にプールに入った日はそのままお風呂とサウナに入って体をほぐし、寝る準備も万全に。お風呂掃除の時間も減らせていいことずくめです。

Point

- **気づけていない「体の疲れ」をほぐそう**
- **気軽に取り入れられるものから始めてみよう**

ステージ3 心を整える
ありたい自分を見つける

「静かな時間」を確保して体を整えたら、いよいよ心を整えていきます。

まずは、不要な情報をシャットアウトする環境をつくりましょう。**「時間泥棒」のテレビ・スマホ・パソコンから離れます。**せっかく自分のために使える時間をつくったのにもかかわらず、LINEやSNSの通知が来た瞬間に「静かな時間」ではなくなってしまうからです。**デジタルデトックスは、整える3つのステージすべてに一貫する大切なキーワード**です。

必要なものはノートとペンのみ。

アナログのものだけを使って自分と向き合い、心の内を言葉にしていきます。

心を整える「静かな時間」がない限り、この先もずっと他人の価値観にふり回されてしまいます。「静かな時間」で自分と対話することで、少しずつ**本当に自分が好きなものや大切にしたい価値観がわかるように**なっていきます。

具体的にノートに何を書いていけばいいのか、難易度が低い順にご紹介します。順番に進めてもいいですし、気が向いたものから取り組んでいただいてもかまいません。やってみようと思ったものを自由に試してみてください。

難易度★

その日よかったことを書き出すワーク

［目安3分］

まずは、その日にあった、よかったことを箇条書きで書くことから始めてみましょう。「ランチの定食がおいしかった」「夕日がきれいだった」など、ささやかなことでかまいません。**1〜3個を目安に、思い浮かんだものを簡単に**書いていきます。

よかったことを書くメリットは大きく3つあります。

メリット❶　自分の本音に耳を傾ける練習ができる

周りを優先して自分を後回しにして、言いたいことを我慢してきた人は、自分の気持ちを抑え込むことに慣れすぎています。**自分が何を感じているか、本当はどうしたいのかがわからなくなってしまっている**のです。

自分の気持ちがわかっていない状態でなんとなく内向型を活かそうとするのは、行き先を決めずに車を走らせることと同じ。どこに向かえばいいのかわからないまま走り続けてもガソリンが減るだけですし、運転するのも疲れてしまいます。

内向型を活かそうと前に進むためにも、**まずは今の自分の気持ちを自分が聞いてあげる**3分間を過ごしましょう。

メリット❷「よかったこと」に意識を向ける習慣ができる

日記のようにフリーに書くと、まじめながんばり屋さんほど反省点ばかり浮かんでしまうもの。あえて「今日のよかったこと」にテーマを限定して、脳が「よかったこと」を探す回路をつくります。

何もない一日だと思っていても、「今日のよかったことは何？」と問いを立てて探してみると、意外といいこともあったと気づくことができます。「案外、悪くない日だったかも」と思えると、心が軽くなって、**自分が過ごした今日という一日をやさしく肯定できるようになります。**

自分に厳しくネガティブ思考に陥る時間が長い人は、最初は違和感があるかもしれませんが、焦らず**まずは10日間**続けてみてください。やっていくうちに、徐々によかったことにアンテナを張れるようになります。

書くことで自分を大切にしよう

メリット③　自分の好きなことや大切なことがわかる

「今日のよかったこと」をしばらく書き続けたら、ぜひ**読み返してみて**ください。「私ってこういうことでポジティブになるんだ」と**自分の傾向がつかめる**はずです。

たとえば「チョコレートがおいしかった」などスイーツについてよく書く人もいれば、「推し活できて楽しかった」など趣味のことを書く人、家族や気心の知れた友だちとの会話を記す人など、人によって個性が出ます。

自分の好きなことや重要度が高いこと、感情が動くものが何か、傾向が見えてくるので、**自分がやりたいことや大切にしたい価値観のヒントが得られます。**

好きなことが把握できると、ストレスを感じそうなイベントがあるときにも対策を立てやすいです。「この飲み会が終わったらごほうびにケーキを食べよう」「次の会議を乗り切ったら、新しい本を読み始めよう」など、あらかじめ自分をいたわるアイテムを用意したり予定を立てたりできるので、自分をケアしやすくなります。

難易度★

その日感じた気持ちを書き出すワーク

［目安3分〜］

よかったことを書き出すことに慣れてきたら、その日に感じたことや考えたことも一緒に書き留めてみましょう。うれしい・楽しい感情もあれば、悲しい・むかつくといったいわゆるネガティブな感情もあると思います。

ネガティブな感情を隠す必要はありません。また、うまくまとめようとしなくて大丈夫。**支離滅裂でもいいですし、単語やぼやきでもいいので、頭に浮かんだことをそのまま書いていきましょう。**

内向型にとって、気持ちをばーっと書き出すメリットは、**いつも頭の中を巡っている思考や感情を外に出すことで、「頭の中が静か」になる**ことです。内向型は、考えるのが好きで情報処理に時間がかかりやすいので、すぐに情報同士がぶつかって頭の中が騒がしくなってしまいます。それが心をざわつかせる原因にもなっているので、定期的にノートに書き出して、頭の中を整理してあげましょう。

とはいえ、日記やジャーナリング（頭に浮かんだことをそのまま紙に書き出して、思考整理や自己理解を深める方法）に慣れていない人にとって、気持ちを書き出すのは難しく感じて、ペンが進まないかもしれません。そういう場合におすすめの書き方をふたつご紹介するので、参考にしてみてください。

ひとつは、その日のよかったことを書いたあとに、**「何がうれしかった？」「そのときどう感じた？」**と自分にインタビューしてみる方法です。

もうひとつは、**短めの制限時間**を設けて、頭の中の独り言をそのまま書いていく方法です。「3分」「5分」など短く設定することで集中力を上げます。「うーん、何書こう？」「書いて意味あるのかな？」など、思うこと

書けば頭の中をからっぽにできる

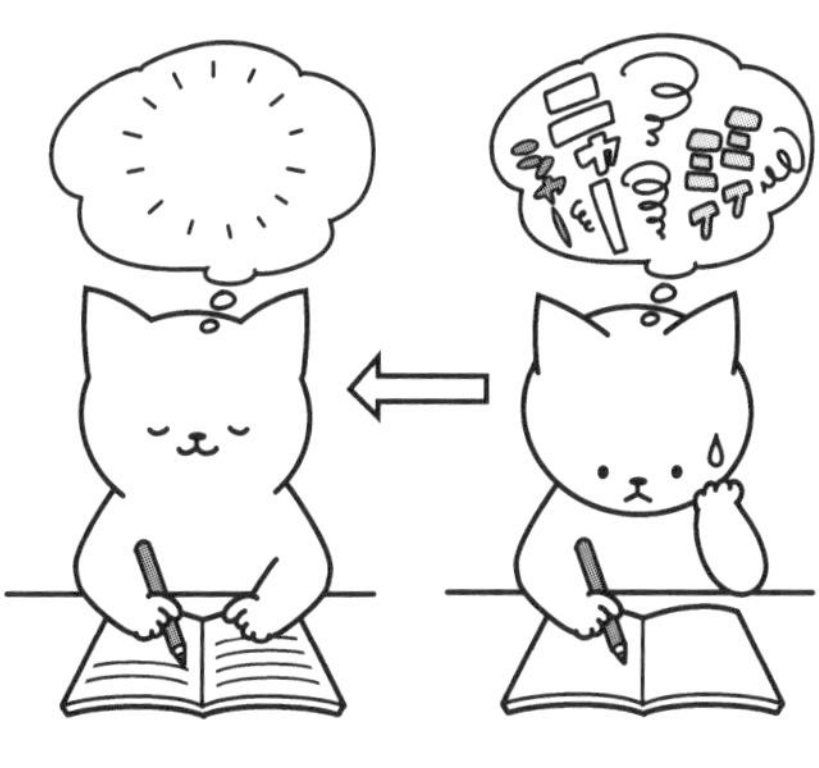

から書いてみましょう。

頭の中を巡っている言葉をキャッチして書くのに慣れてくると、だんだんと自分の気持ちもキャッチできるようになってきます。

難易度★ ネガティブ思考になりやすいパターンを知る ［目安5分～］

心を整える際に気をつけたいのは、ネガティブ思考とのつき合い方です。ときにネガティブな気持ちを感じるのは自然なことですが、ネガティブな感情が体全体を覆っていつまでも離れないと、何度も同じようなことで落ち込んだり傷ついたりしてしまいます。あまりにもネガティブ思考にとらわれていると**「ときにはネガティブな気持ちも感じる私」ではなく「ネガティブでうまくいかない私」と勘違い**してしまうので、ネガティブ思考が長居しないように、ほどよい距離で接しましょう。

ネガティブ思考とほどよい距離を取るためには、**ネガティブな思考を客観的に眺めることが大事**。そのために、まずはネガティブ思考がどうして起こるのかを知ることから始めましょう。

ネガティブ思考の代表例として**「認知の歪み」**と呼ばれるものをご紹介します。これは、物事のとらえ方の偏りを10のパターンに分けて説明したものです。

モヤモヤしてネガティブ思考に引っ張られているなと感じたときは、自分が今どれにハマっているのかセルフチェックしてみましょう。得体の知れないモヤモヤに名前がつくだけで少し気持ちが落ち着いて、自分を客観的に見られるようになります。

認知の歪み

❶ 全か無か思考 ▼ 物事を白か黒かのどちらかで考える
例「いいか悪いか」「正解か不正解か」

❷ 一般化のしすぎ ▼ ひとつのマイナスにこだわり、今後も繰り返すと思い込む
例「また私は失敗し続ける」

❸ マイナス化思考 ▼ いいことも悪いこともマイナスに考える
例「褒められたけど、きっと裏がある」「うまくいったのは運がよかっただけ」

❹結論への飛躍▼根拠がないのに悲観的な結論を出す
例「注意された。あの人に嫌われているんだ」

❺レッテル貼り▼一部分だけ見て否定的なラベルをつける
例「あの人は怖い人だから、いいところはない」

❻過大評価と過小評価▼マイナス面は大きく、プラス面は極端に小さくとらえる
例「失敗したのは自分の努力不足、うまくできたのはたまたま」

❼感情的決めつけ▼自分の感情を根拠に物事を判断する
例「私は今不安だ。だから失敗するに違いない」

❽べき思考▼「〜すべき」「〜してはいけない」と考える
例「私が毎日ちゃんと家事をしなきゃ」

❾個人化▼悪いことが起きたときに自分のせいにする
例「失敗したのは全部自分のせい」

❿心のフィルター▼ポジティブな面に目を向けず、ネガティブな面ばかり見る
例「どうして自分はこんなに仕事ができないんだろう」

ひと通り読んでみて、心当たりがあるものはありましたか？
もしたくさん当てはまっても、悲観的になることはありません。この「認知の歪み」はアメリカの医学博士アーロン・T・ベック（1921-2021）が提唱したもの。時代を超えて支持されているということは、**人間にとって普遍的な思考パターン**だといえます。

大切なのは、自分の心のクセを知ること。**自分の陥りがちなパターンを知っていれば、いざそのネガティブパターンにハマりそうなときにセンサーが働いて、立ち止まれるようになります。**「あ、またこのパターンだ」「それって事実？ 決めつけてない？」ともうひとりの俯瞰した自分が自分に話しかけてくれるようになるので、物事のとらえ方の偏りが少しずつ和らいでいきます。

ノートを使ってネガティブ思考を和らげる

難易度★★ 【目安15分〜】

「認知の歪み」を知ったことで、**自分の思考の偏りによって事実をマイナスにとらえ**

てしまい、ネガティブ思考がつくられる、ということがわかったと思います。ですが、これだけだといざモヤモヤしたときに対処することができません。

第2章でもお話ししたように、ネガティブな気持ちを感じること自体は悪いことではありません。むしろ、**生きていれば誰しも感情の波があるもの**です。心臓が動いていると心電図が波形を示すのと同じ。**生きている証**です。ネガティブな気持ちを感じていると気づいたあとに、いかに適切な距離を取って、ネガティブな気持ちに支配されないようにするかが大事です。

そこで、ノートを使って**ネガティブ思考と向き合い、ほどよい距離を取る方法**をお伝えします。

モヤモヤ、イライラ、感情がマイナスにふれたときや、他人をつい批判したくなったときに、ノートを開いて左ページの項目を書いてみてください。すぐに静かな環境でノートを開けないときは、その場で**1〜3**のうち書けるものをスマホにメモして、あとで続きをノートに記す、という方法がおすすめです。

ネガティブ思考とほどよい距離を取るワーク

1　頭に浮かんだ独り言を書く

例「またミスして上司に怒られた。私って本当にダメだ」

2　そのときの体の感覚を書く

例 肩に力が入る感じ、心臓がバクバクする、手足が冷える

3　そのときの気持ちを書く

例 不安、恐怖、嫌悪感

※言葉が浮かばないときは、「感情　種類」などで検索して一覧の中から近いものを選ぶと書きやすいです。

4　1の文末に「と思っている」と書き入れて、心の中で３回黙読する

例「またミスして上司に怒られた。私って本当にダメだ。と思っている」

5　3で書いた気持ちに名前をつけてキャラクター化する

例 不安→不安ちゃん、恐怖→怖がりさん、嫌悪感→いやいやくん

6　1の独り言を考え続けたときの、メリットとデメリットを書く

例 メリット　：ミスしないように注意深くなれる
デメリット：仕事が怖くなる、自己肯定感が下がる

7　独り言や気持ちは、どんな学びや気づきを与えてくれた？

例「他人の評価を気にして身動きが取れなくなっていると気づいた」

8　今後、何ができたらよさそう？　何をしてみたい？

例「ミスを０にするのは難しい。自分を責めて塞ぎ込むのではなく、改善点をメモして次の仕事に活かしていきたい」

たとえネガティブな感情が湧き上がってきたとしても、このような流れで向き合って整理すると、**自分の心の状態を客観的に見ることができます**。今までのようにマイナス方向に引っ張られすぎず、落ち着いて内省することができるでしょう。

また、ネガティブな感情も5のようにキャラクターづけして「自分に何かを伝えてくれるメッセンジャー」だと思うと、受け取り方がずいぶん変わります。ポジティブ思考もネガティブ思考も、とらえ方次第で私たちに学びや気づきを与え、次の行動を後押ししてくれるもの。気持ちを抑え込まず、やさしく受け止めましょう。

もしネガティブ思考を書き出して向き合うことが負担なら、無理せず、**趣味に没頭する時間を取って元気を充電**してみてください。「忙しいのに趣味に時間を使っていいのかな」と思うかもしれませんが、大丈夫です。人は何かに没頭しているときは、ネガティブな気持ちを感じにくくなります。没頭しているときの、現実世界から離れて頭の中がリセットされる感覚や、だんだんポジティブな気持ちが湧いてくる感覚を味わってください。読書、ドライブ、推し活、好きなことならなんでもかまいません。

これといった趣味がない方は、「体を整える」で紹介した「体を動かす」をやってみてください。きっと運動するので精いっぱいで、勝手に没頭できてしまいますよ。

難易度★★★ 大切にしたい価値観を言葉にする［目安30分～］

「心を整える」最後の提案は、自分の価値観を言葉にすることです。

「内向型を直さず活かす」を叶えた先に、あなたはどんな日々を過ごしたいですか？何をして、どんな自分でありたいですか？

すぐ具体的には思い浮かばない方も多いと思います。

また、目標や夢をいくつか書き出せる場合も、実は「本当にやりたいこと」ではなく、「やらなきゃいけないこと」になってしまっていることが往々にしてあります。

たとえば、「転職したい（両親が安心するから）」「婚活していいパートナーを見つけたい（この年齢になったらそろそろ結婚しないとだよね……）」など、表面的には**「やりたい」と言っていても、本心では「やりたくない」「本当は興味ない」と思っていることがある**のです。言葉と心にギャップがあると、内向型を活かそうとしても、人生はハードモードになってしまいます。

そもそも潜在的にはやりたくないと思っているので、なかなか行動に移せません。根性で動き出しても続かないので、「途中で挫折するなんて自分ってダメなんだ」と自己肯定感が下がってしまいます。もしがんばって叶えられたとしても、本当はやりたくないことだから心から喜べないはずです。何かを我慢したり、他人の顔色をうかがったりして、自分に自信がないままの人生になってしまいます。

このように、**自分の価値観ではなく周りからの期待や一般常識を基準に未来の行き先を決めてしまうと、「内向型を活かす生き方」から遠ざかって、どんどんつらくなってしまいます。**

そこで、心から願う純度の高い「内向型を活かす生き方」を叶えて幸せな人生を歩むために、この「整える」の段階で、自分が大切にしたい価値観を棚卸ししていきましょう。**価値観とは、自分が大切にしたいこと。人生の軸であり、進みたい方向を示すコンパス**です。他人の期待やアドバイスを一切入れず「自分がどう思うか」だけで考えていきます。

自分の「価値観」がわかれば、進む道も見えてくる

自分の価値観が明確になっていると、就職・転職・結婚など**人生の節目の選択の場面で役立つ判断基準になる**のはもちろん、日々の生活の中で**何に時間を使うのか、何にお金を使うのか**といった小さな決断にも役立ちます。

自分の価値観を知ることで、自然と少しずつ、やりたいことやありたい姿が浮かび上がってきます。

漠然と「自分の価値観は？」と考えるのは難しいと思うので、いくつかのカテゴリに分けて価値観を言語化するワークをご紹介します。質問に答えて、自分にとって大切なものが何かを考えてみてください。

価値観を導くワーク

趣味／学び

- 今までにやって楽しかった趣味や学びはなんですか？
- それらに共通点はありますか？　それはなんですか？
- 趣味や学びを楽しむと、人生はどうなりそうですか？

暮らし

- 何をすると元気になりますか？
- 何をすると心が安らぎますか？
- 理想の一日の過ごし方は？

仕事

- 今までの仕事で何をしているときが楽しかったですか？
- 今までの仕事で何をしているときがつらかったですか？
- どんな風に仕事ができていたら幸せを感じられそうですか？

人間関係／恋愛／家族

- どんな人と一緒にいるのが心地いいですか？
- 相手と共感できたらいいなと思う考えはなんですか？
- どうしたら、さらにいい人間関係を築けると思いますか？

ここまでの回答として自分が書き出した言葉の中で、
特に自分が大切だと思うキーワードを３つ選んでください。
繰り返し出てくる言葉や、重要度が高いと感じるものを
直感で選ぶといいでしょう。

(例) 新しい学び、自分で決める、環境を変える最後に、導き出した3つのキーワードを口にしてみましょう。気分の高揚や心地よさを感じますか？ **価値観は自分が進む道を照らしてくれるものなので、ポジティブな気持ちになる言葉を選ぶことがポイント**です。これという言葉が見つからない場合は、「価値観 言葉」などで検索して、お気に入りの言葉に言い換えてみてください。

こうして**磨かれたキーワードが、あなたがあなたらしく生きるために大切な「価値観」**です。

難易度★★★

内向型を活かした先の理想を描く

［目安30分〜］

内向型を活かすことはゴールではありません。心も体も健康で幸せな人生を送るための手段のひとつです。

「心を整える」最後のワークを次ページにご紹介します。どんな自分になりたいか、どんな自分でありたいか、理想の未来をイメージして言葉にしてみましょう（仕事・恋愛・趣味などどんな場面でもかまいません）。

理想の未来を描くワーク

- 大切な価値観に沿って生きるために、何をしたいですか？
- 大切な価値観に沿って生きるために、何をやめたいですか？
- 「内向型を直さず活かす」が叶ったらどんなことが起こりそうですか？
- 「内向型を直さず活かす」生き方を叶えて何がしたいですか？

この章では、「静かな時間」で自分を整える方法をお伝えしました。

まずは**「時間」→「体」→「心」の順に実践**しましょう。その後も、心や体に疲れを感じたら自分に合うものを行い、こまめに整えるようにしましょう。

そのためにも、疲れを感じたときや時間ができたタイミングですぐ実践できるように、**自分が好きな整え方を所要時間ごとに分けてメモし、いつでも見られるようにしておく**といいでしょう。

Point

- **価値観という名の人生のコンパスを手に入れよう**
- **自分に合う整え方をメモして、疲れたときの「処方箋」にしよう**

第4章

ステップ3

強みを「活かす」小さな習慣を始める

それでも「外向型になりたい」と思ったら

第2章の「知る」、第3章の「整える」、2つのステップを経て、いよいよ「内向型を活かす生き方」を叶えるステップまでやってきました。

「ここまで読んできて、内向型が生きづらい理由は自分のせいではないことや〝内向型を活かす〟という考え方はわかった。だけど、それでも外向型のようにアクティブに動いたり、瞬発的に発言したりできるようになりたい」

こんな風に、内向型の自分のことを知ったうえで、**それでも「外向型に変わりたい」と思った場合は、どうしたらいいのでしょうか？**

外向型に憧れるのはよくないことなのでしょうか？

自分にないものを持っている人は輝いて見えますし、うらやましい気持ちや憧れを感じるのは決して悪いことではありません。ですが、自分ではない誰かに憧れる気持ちによって「自分に足りていないことや苦手なことを補おう」という意識が働くので、自己否定が加速して「変わらなきゃ」と根性や努力で一生懸命がんばるモードになりやすいです。**「〜しなきゃ」のガソリンには限りがあるので、どこかのタイミングでガス欠になり、苦しくなってしまう**可能性が高いです。

また、憧れの人と自分を同じ土俵に乗せて常に相手を意識している状態なので、いつまで経っても人と比べてしまい、自分を活かすどころか、どんどん自信がなくなってしまいます。

核になるスキルは内向型の強み。もうすでにあなたが持っている内向型の強みを磨いて輝かせましょう。そして、別の誰かになることをゴールにするのではなく、**心から自分が望む「なりたい自分」になるために、憧れの人のいいところをエッセンスとして取り入れる**くらいがちょうどいいバランスだと思います。

自分に足りないものを埋めて外向型になることでしか自分に自信が持てない、というのは思い込みです。内向型のまま自分を好きになって、自信を持つことができます。

Point

- **外向型になる努力より、内向型の強みを磨く努力を**
- **憧れの外向型がいたら、いいところだけ取り入れよう**

「内向型を活かす」と、人生はグッとラクになる

内向型を活かすうえで大切なのは、「苦手なことを克服したい」という気持ちを手放すことです。苦手なことをがんばったとき、ある程度はできるようになるかもしれません。でも、それが元々得意な人は、時間も労力も、意識すらも使わずに軽々とで

きてしまうので、「どれだけがんばっても及ばない自分」が浮き彫りになってしまいます。ないものねだりは、つらくなるだけ。「なんでもできるようにならないと」という気持ちが裏に隠れていたりもするので、**完璧主義は手放していきましょう。**

内向型の立場からすると、自分にないものばかり持っている外向型はすごい人に見えるかもしれませんが、それと同じように、外向型の人にとっては内向型がすごい人に映っています。

内向型の強みの例

- 言いたいことを頭の中でじっくり整理してから話し出す
- いくつかの可能性を想定しながら慎重に検討する
- コツコツ取り組んで着実に物事を進められる

そういった、**内向型にとってはものすごく「ふつうのこと」が外向型にはとても難しく、まったくふつうではない**のです。

実は、自分がコンプレックスに感じていることほど、周りには「すごい」「自分にはできない」と思われていたりします。結局は、**自分が持っているものをどうとらえるかで、見え方は大きく変わってきます。**

たとえば「いろいろなことを気にしすぎてみんなみたいにテキパキ動けない」と自分の弱点だと思っていたことも、視点を変えてみると「リスク管理能力が高く抜け漏れがない。結果的にスムーズに物事を進められる」という持ち味といえます。

「内向型を直さず活かす」とは、あれもこれもがんばるのではなく、**自分の強みを使える心の状態や環境を整えていく**ことです。

自分の気質を違う角度から見てみよう

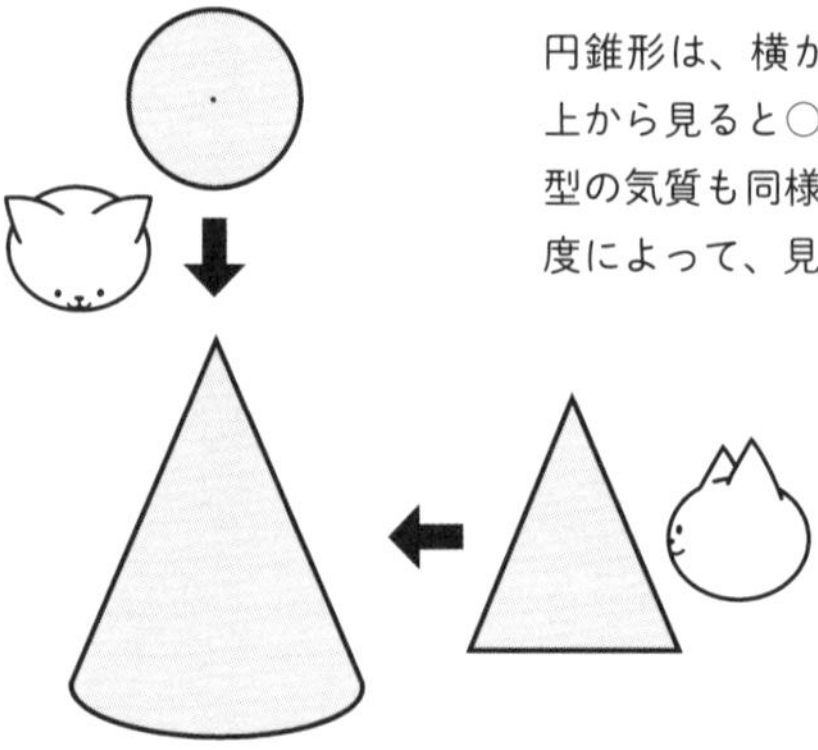

円錐形は、横から見ると△に、上から見ると○に見える。内向型の気質も同様で、とらえる角度によって、見え方は変わる。

自分の強みを見つけて転職に成功したKさん

Kさんはかつて、製造業で働く会社員でした。突発的な仕事が発生したり、取引先都合のスピードを求められたりする職場環境に、強いストレスを感じていました。**「自分は要領が悪い」「ほかの人より何倍も時間がかかってしまう」**とコンプレックスを感じながら、求められているものをこなそうと必死でした。

あるときついに、Kさんは精神的に追い詰められてしまい、適応障害を患って退職を余儀なくされます。しかし休職中に自分を見つめる中で**「情報をわかりやすく文章でまとめるのが得意」「時間をかければ質のいいものを仕上げられる」**という強みがわかり、現在はライターとして活動をしています。取引先の評価はいずれも高く、オファーが絶えないそうです。苦手な営業や新規開拓をしなくても安定的に仕事を獲得できるようになりました。苦手とする突発的な依頼は見送るなど、自分に無理のないペースで仕事ができています。

接客から離れて仕事にやりがいを見出したEさん

小売業で働くEさんは、接客に悩んでいました。「これ言っていいのかな」「相手が傷ついちゃうかも」とあれこれ考えて動けなくなるタイプだったのです。コミュニケーション能力が高く、軽快に会話を進めていく同僚を見て自信をなくしていました。

自分の強みを見つめる中で、接客よりも、**「決まったことをコツコツ継続する」ことのほうが得意**で、苦もなくできることに気づきました。現在は接客業を支える裏方の事務の仕事にジョブチェンジをして、活躍しています。じっくり考えられる内向型だからこそできる、**相手のことをよく見た細やかなサポートがメンバーからも好評**で、大きなやりがいを感じているそうです。

自分にないスキルを新たに獲得しようとするのではなく、**苦手なことは減らして、得意なことに絞り、手持ちのカードをシンプルにしましょう。**

世の中には「努力すれば何にだってなれる」という考え方もありますが、自分を偽って別の人になろうとするのは負荷が大きいです。「もっとがんばれ！」と〝鬼コーチ〟が24時間横にぴったりついて走り続ける人生は、幸せといえるでしょうか？

それよりも、**自分が持っている強みを発揮することだけに集中して、内向型の持ち味を活かすことのほうが、だんぜんラク**です。強みとは自然と人よりできてしまうことなので、努力する感覚なくうまくいきやすいです。また心と体への負荷が小さいので、「がんばり続けなきゃ」と自分のお尻を叩かなくても、自然と続けられます。

Point

- **全部できなくていい**
- **オール5より、「強み5」を目指そう**

「強み」と「苦手」ふたつのループ

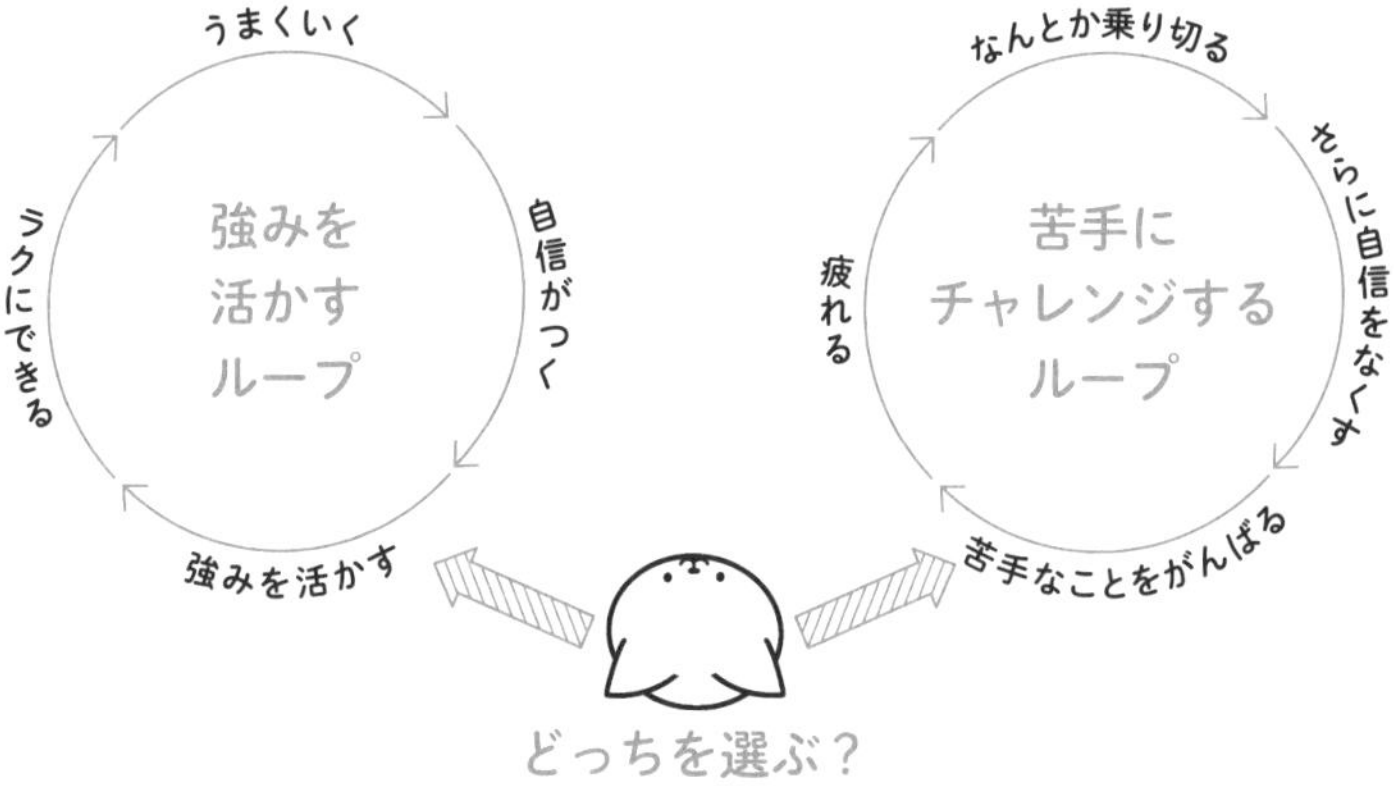

あなたにも必ず、強みはある

「〝内向型を活かす生き方〟を叶えたいとは思っている。でも、自分に強みなんてあるのかな……」と不安に感じている方もいるかもしれません。

誰にでも必ず強みはあります。そして、見つけることができます。

「自分の強み」に対する人々の関心は高く、世の中には「強みが診断できるＷＥＢテスト」や強みに関する書籍、強みを見つける相談サービスなどがたくさんあります。実際に試してみたことのある方も多いのではないでしょうか？

それでも、自分の強みに確信を持って輝く人と、診断結果に懐疑的で「本当かな？」と自信につながらない人がいるのは、何が違うのでしょうか。

それは、人の心の中には**「変わりたい」という気持ちと同時に「今のままでいたい」という、相反する気持ちがあり、そのはざまで葛藤している**からです。

心理学博士の古宮昇氏は著書『一生使える！プロカウンセラーの傾聴の基本』（総合法令出版刊）の中で「私たちは誰もが、成長を求め『変わりたい』と願う衝動（自己実現を求める衝動）と『変わりたくない』という変化を拒む衝動の両方を持っています。そして、この矛盾する２つの衝動による葛藤を抱えているのです」と説明しています。

そのため、「自分の強みを見つけてそれを活かそう」という気持ちを持つ一方で、変わりそうな予感を受けて「変わるのが怖い」と足踏みする気持ちを持ってしまいます。それは誰の心にも起こりうること。あなただけが「ダメ」なのではありません。

だから、気持ちが揺れ動いても、不安を感じても大丈夫。強みを使って人生をラクにするためには、**まず自分にも「変わりたくない気持ち」があって葛藤していることを受け入れましょう。**そのうえで、**「強みを見つけて変わるために、一歩踏み出そう」と心に決めるのです。**それだけで、これからお伝えする「活かす」ステップで大きく飛躍することができます。

強みはダイヤモンドの原石のようなもの。見つけて知っただけで終わってしまえば、ただの石のままです。つまり、強みを使って**「内向型を活かす」を叶えるには、強みを見つけたあとに磨き続けることが欠かせません。**

海外で活躍するメジャーリーガーの大谷翔平選手は、世界トップレベルの選手になった今も、毎日の練習を欠かさず続けています。もちろん、生まれ持った体格や才能もあったのだと思います。でも、ここまで結果を出して世界を熱狂させる選手になれたのは、強みを磨き続けた賜物でしょう。誰しも、自分のポテンシャルを最大限発揮するためには、強みを知り、磨くことが必要なのです。

Point

- **誰にでも強みはある！**
- **「不安に思う気持ち」も受け入れよう**

強みを「活かす」ための❶知識↓❷意識↓❸儀式

では、「内向型を活かす」には具体的に何をしたらいいのでしょうか？

一般的な「自分らしく生きる」提案は「①知識のインプット↓②行動」の二元論で語られることが多いと思います。ところがこの場合、知識のインプットに終わってしまい行動できないこと、行動が続かないことが難点です。

そこでこの本で提案したいのは、〈❶知識↓❷意識↓❸儀式〉という３つのプロセスで「内向型を活かす」を実現していくことです。

❶知識…客観的に自分のことを知るために、内向型の強みを学びましょう

❷意識…毎日に変化を起こすため、内向型の強みに意識を向けて過ごしましょう

❸儀式…「強みを試す」から「使いこなす」に向けて習慣術を取り入れましょう

Point

- **知識を増やしても行動にはつながらない**
- **毎日を変えるために、〈❶知識→❷意識→❸儀式〉を取り入れよう**

〈①知識〉内向型の潜在的な強みを知る

強みとは、「意識せずとも自然にできてしまうこと」。

あまりに自分の体に染みついて一体化しているので、自分では強みを見つけにくいです。だからこそ、**自分の強みを知識として持っておくことは、自分らしさを自覚して活かしていくうえで大切な一歩**です。

では、どのようにあなたの強みを見つけていくのがいいのでしょう。

「長所と短所は表裏一体」とよくいわれます。つまり裏を返すと、**今あなたがコンプレックスに思っていることが、内向型だからこその強みである可能性が高い**のです。

16ページ「あなたの内向型度がわかる診断テスト」の項目から、ひとつ例を挙げましょう。「21　質問に即答するのは苦手で、できればゆっくり考えてから話したい」とあります。共感した方は多いのではないでしょうか。

「外向型のほうがすごい」という価値観でこれをとらえると、「ゆっくり考えないと話せないから、会話が苦手」と短所にだけ意識が

コンプレックスを裏返せば、強みが見えてくる

内向型診断のチェックリストを強みに言いかえると

16ページの「あなたの内向型度がわかる診断テスト」のチェックリストの中で、一部の「苦手」「悩み」にあたる項目を、強みに言いかえました。自分がチェックした項目があれば、どのような強みになるのか、確認してみましょう。

no.	チェック項目の内容		裏返した強み
2	電話で話すのが苦手	⇒	メールやチャットでコミュニケーションを取るのが得意
8	飲み会や知らない人との交流会が苦手	⇒	1対1や少人数でじっくり深い話をするのが得意（好き）
11	予定外の頼まれ事が入ると、ものすごく焦ってしまう	⇒	自分が決めた計画通りにコツコツ取り組むことができる
15	自分の言動を後悔して落ち込むことが多い	⇒	ふり返りによって、次に生かすことができる
21	質問に即答するのは苦手で、できればゆっくり考えてから話したい	⇒	熟考して回答する姿勢に誠実さが表れる 落ち着いた印象を与える
24	同時に複数のことを進める状況に強いストレスを感じる	⇒	ひとつずつ取り組めば集中力を発揮できる

向きますよね。ですが、外向型の人の中には、何も考えずに話し出して相手を傷つけてしまったり、軽い印象を持たれたりした経験がある人がいるかもしれません。その人たちの目に私たち内向型は、「ひと呼吸おいて考えてから話せるのがすごい」「熟考された言葉に重みがある」「落ち着いた態度が与える安心感がうらやましい」などと映っています。つまり、**私たちがコンプレックスに感じていることは、反対の資質を持っている人からすると「すごいこと＝強み」**なのです。

コンプレックスはどの角度から見てどう解釈するかで、180度認識が変わります。だから、自分が自分の「内向型らしさ」をどうとらえるかが重要。**自分を変えず、自分の物の見方を変えるだけで、すでに自分が持っている強みに気づくことができます。**意識が変われば、大きな自信を持てるようになります。

Point

- **あなたのコンプレックスを強みに言いかえてみよう**
- **「自分にも強みがある」と意識を変えることが、大きな前進になる**

あなたはどれ？ 内向型の強み4タイプ

内向型には具体的に、どんな強みがあるのでしょうか？　同じ内向型であっても、内向型度の診断テストでチェックする項目が違うように、持っている強みも違います。これまで私が内向型カウンセラーとしてかかわってきた約1万人の内向型の方々を分析して、**内向型らしさが光る強みを4つのタイプ**に分けてみました。

4タイプをひとつずつ読んで、**「これは自分の強みかも」と感じるものを選んで**みてください。複数のタイプを併せ持っている人もいるので、無理してひとつに絞らなくても大丈夫です。

1

コツコツタイプ

＜ムラのない持続力が強み＞

ある程度決まった**枠組み（ルール）の中で継続することが得意**。ルーティン作業が苦もなくできる。変化が少ない環境、もしくは変化があっても周りからのフォローや明確な指示が受けられる環境で、より強みを発揮できる。

決まった作業の繰り返しを苦痛に感じる人もいる中で、他人からの応援やかかわりがなくても**ひとりで黙々**と継続できる。**仕事にムラがなく**、安心して物事をお願いできる頼れる存在。

＜ひとりで集中できる環境をつくろう＞

コツコツ行動し続けるための**ひとりの「静かな時間」と枠組みさえ確保できれば、強みを強みとして発揮**できます。新しい枠組みをつくるのは苦手なので、得意な人に任せるか、うまくいっている人のルーティンを真似して取り入れましょう。

2

慎重タイプ

<時間をかけて質を高める>

起こりうる**さまざまな可能性を踏まえて、着実に物事を遂行できる**。ゆっくり考える「静かな時間」を確保できる環境で、スピードよりも質が重要な場面や、ミスをしないことが求められるような場面で、より強みを発揮する。

先の先まで見て動くため、楽観的に進める人に比べて、やり直しが必要になって結果的に時間がかかる、思いがけないトラブルに見舞われるなどの**リスクを減らす**ことができる。

<考える時間をつくろう>

慎重になりすぎると「何もしない」「やめる」という判断しかできなくなるので、**紙に書き出して頭の中を整理しながら、自分なりの結論に向かっていく**ようにしましょう。

また、考えすぎて本来のやりたいことを忘れてしまうことがあるので、思考が巡り続けていたら「私は何をしたいんだっけ？」と原点に戻ると、行動力も高まっていくでしょう。

3

研究者タイプ

<とことん調べる探究心が強み>

興味があることを深く学ぶのが得意。知りたい情報を集めたり、勉強する労力はまったく苦ではなく、時間を費やして没頭する傾向がある。**新しい知識を得ることに喜び**を感じる。学んだことを自分のためだけでなく、その情報を必要としている周りの人たちとも共有することで、より強みを発揮することができる。

飽きることなく自分が納得できるまで学び続ける**ねばり強さ**も持ち味のひとつ。自分の経験や価値観といった主観的な意見に加え、学びで得た知識など客観的な情報も織り交ぜて物事を考えたり伝えたりできる。

<得た知識を活かそう>

学んだだけで満足し、変わることを恐れて一歩踏み出すことに億劫になりがち。せっかく学んだ知識は、「内向型を活かす」ために取り入れていきましょう。実際に**やってみた結果を分析することで、楽しく自分の強みを使い続けられます。**

4

アーティストタイプ

＜自分だけの世界を表現できる＞

自分の**内面や世界観、感情の機微や複雑な心を表現できる。**表現方法は、文章、絵、歌、写真、ダンスなどさまざま。頭で考えたものではなく、心で感じたありのままを出すことで、強みが最大限に引き出される。

「話すのが苦手だから別のかたちで自己表現しているだけ」とネガティブにとらえる人もいるが、むしろその表現力は強み。人に合わせず**自分の世界を大切にできる、やさしい強さ**が宿っている。

＜「正解」を求めなくていい＞

「結論はわかりやすく」と思うほどに、輝きが消えてしまいます。**自分の感性を大切にして、正解や効率を求めない**ようにしましょう。繊細ゆえの悩みを抱え込んでしまうと、表現するパワーまで減って、ネガティブな感情が溜まってしまいます。第3章の「心を整える」でご紹介した**ノート術で心の内を吐き出したり、芸術作品や自然に触れたり**して、自分を癒すように心がけましょう。

〈②意識〉すれば、自然と強みがあふれ出す

あなたの強みは見えてきましたか?

ここで**注意したいのは、自分の強みがわかったことに満足して止まってしまう「強み診断トラップ」**です。「なるほど、これが私の強みなんだ」という一時的な満足感で終わらせることなく、ぜひ**実生活で活かして、自信につなげて**いきましょう。

そのために大切なのが、この「意識」のプロセスです。

「意識」のプロセスでは、**日々の生活の中で、自分の強みに意識を向ける**ことを行います。

まだ自分の強みに確信が持てない状態で大丈夫です。「私にはコツコツできるという強みがあるかもしれない」と「知識」を得たら、家事や仕事・勉強などの場面で一

度、「コツコツ取り組むこと」に意識を向け、自主的に強みを使ってみるのです。

もしかしたら、「『意識』にどんな意味があるの？」と思う方もいるかもしれません。「意識」のプロセスには、次のようなメリットがあります。

「意識」を変えるメリット

❶「意識」を変えれば、自然に行動が変わる

私たちの脳は、自分にとって重要な情報と、そうでないものを自動的に判別して、重要なものだけを認識するようになっています。**意識を向けたものは自分にとって重要なことだと脳が判断するの**で、それに関する情報が脳に収集されていきます。

たとえば、引っ越しを考えるようになった途端に街中の不動産情報が目に入るようになったり、SNSでインテリアに関する投稿が目に留まるようになったりします。

そうして新しい情報を得ることで、実際にインテリアショップに足を運ぶ、という**行動につながったりするのも、「意識」の力**です。

同じように「私はコツコツタイプかも」と意識を向けると、脳が自分の強みにかかわる情報に敏感になるので、今までならスルーしていた自分の強みを活かした行動に気づけたり、強みに関する過去の記憶を思い出しやすくなったりします。それらが重なることで、強みを意識した行動を能動的に取れるようになります。つまり、**「意識」が変わることで目に入る情報が変わり、脳の力で自然と行動も変わっていく**のです。

❷自己評価が上がる

第3章で「認知の歪み」についてお伝えしたように、私たちはさまざまな「思考のクセ」を持っています。あなたも「自分には強みなんてない」と否定的な「思考のクセ」を持っていたかもしれません。それを変えるのが「意識」のプロセスです。「意識」を変えることで**「私にも強みがあるかも」と認識が変わって、自分に対する評価（セルフイメージ）がポジティブに**なっていきます。

また、一度「意識」をはさむことで「行動しようと思ったけどできなかった」という失敗体験を避けられるので、自分にやさしいままで「内向型を直さず活かす」生き方に向かって進んでいくことができます。

行動するためには、いきなり行動を変えようとしないこと。**まずは行動をつかさどる「意識」から変えましょう。**

Point

- **自分の強みを意識して生活しよう**
- **意識を変えれば、自然と行動も変わる**

強みを使った経験を探す

ここからは、どのように「意識」を変えていくのかを具体的にお伝えします。

ひとつめは、**過去の経験に「意識」を向ける**こと。

内向型の強み4タイプのうち、「自分の強みかも」と思ったものについて、過去に無意識にでも使っていたことがないか、ふり返ってみましょう。

- できたこと、結果が出たこと、周りに褒められたことなど、3つほど挙げましょう。
- できれば、10代・20代・30代……と、年代別にふり返りましょう。
（強みは複数の年代にわたって使っている可能性があります）
- 部活・バイト・地域活動・ボランティア・仕事・人間関係などノンジャンルでOK
- 実績の大小は関係ありません。例：1年間休まず習い事に通った

「夏休みの自由研究で地元の歴史を発表したら、自分では地味だと思っていたが『よく調べられている』と褒められ、学校代表に選ばれた」「バスケ部で目立って活躍するタイプではなかったが、毎日、自主練を続けたおかげでレギュラーを取れた」など、**記憶の中のエピソードと自分の強みがつながってくる**と思います。

「強みかも？」と思っていたものが過去の経験でも活かされていたことがわかれば、徐々に**「確かに自分の強みだ」という確信**が芽生えてくるでしょう。

Point

- 自分の過去の経験の中に、強みを探そう
- 「強みかも」を確信に変えよう

強みを「お試し体験」する

次に自分の「強み」について、さらに自信を深めるため、「お試し体験」をしてみましょう。家事や仕事・勉強などの場面で、**自分の強みを意識して取り入れてみる**のです。

タイプ別　強みの「お試し体験」の取り入れ方の例

コツコツタイプ

- 仕事のルーティン作業をする間「これが得意なことだ」と意識を向ける
- テスト勉強はひとりで集中できる環境を整え、1日30分の暗記時間を設ける
- 日記を書く（すでに書いている人は、第3章「よかったこと」の記入を続ける）

慎重タイプ

- 仕事で新しいアイデアや提案が出たときに、懸念点や課題を多角的にまとめる
- 会議前の準備の時間を意識して長く取ってみる
- 長期休暇に向けて、旅行の計画を立ててみる

研究者タイプ

- 業務に関連して新しく調べたことを資料にまとめ、上司や同僚と共有する
- 今の業界（または興味のある業界）の人気商品・サービスについて理由を研究する
- 気になっていたテーマをネット書店や図書館で検索して、本を複数冊、読んでみる

アーティストタイプ

- 休日に感性を磨く時間をつくってみる（美術館に行く、音楽を聴く、など）
- 真っ白な紙を用意し、気持ちの赴くままペンを走らせてみる
- 今の気持ちをＳＮＳでつぶやいてみる（匿名でかまいません）

このように強みを試してみたら、次のことをふり返ります。

- 苦もなく楽々とできたのか
- 結果が出やすいか（物事がうまくいきやすいか）
- 周りにすごいと褒められたり、驚かれたりしなかったか

「難なくいつまででもできる」「がんばらなくてもスムーズに進んだ」「自分としては当たり前だけど、周りからは褒められた」などの感触を得られたら、それはつまり「強みを使ってうまくできた」ということ。

知識として知るだけではどこか他人事のままですが、**お試し体験で強みを実感する**

ことで一気に自分事にできます。「強みのお試し体験」は何回やってもいいので、気になる人は複数のタイプについて実践してみてくださいね。

Point

- **自分の〝強み候補〟を生活の中で試してみよう**
- **「楽々できた」なら、それがあなたの強み！**

毎日が変わる、「強みが開花する方程式」

最後に、**自分の強みを、生活の中で定着させる**ことを目指します。

実は、内向型の強みを開花させるには、それぞれの強みタイプごとに「うまくいく方程式」があります。もし強みを使ってみてもうまくいかないときは、次に挙げる方程式のいずれかが抜けている可能性があります。あなた自身の能力が低いわけでも、強みがないわけでもなく、**発揮しづらい状況だっただけ**かもしれません。

ふり返ってみて、抜けている項目がないかチェックしましょう。

タイプ別　強みが開花する方程式

コツコツタイプ

❶工程が明確なもの、あるいはゴールが決まっているものに取り組む
❷短期戦ではなく長期戦の場を選ぶ
❸同時並行で進めずに、ひとつのことに集中する

慎重タイプ

❶長期的にかかわれるもの、考える時間があるものに取り組む
❷提案は、結論から論理的に話す（提案を受け入れてもらいやすくなる）

❸会議やテスト、旅行などイベントの前には、準備の時間をあらかじめ取っておく

研究者タイプ

❶考えるよりまず情報を集め、分析してから考える
❷学ぶ時間に集中できる環境をつくる（デジタルデバイスは切る、など）
❸学んだことは実践して、体験を分析し、また学びにする

アーティストタイプ

❶自由度の高いものに取り組む
❷完璧さや承認（賞賛やいいね）を求めない
❸芸術作品に触れて感性を磨く時間に集中する

Point

- **強みを活かせないのは環境が原因かも**
- **自分の「強みが開花する方程式」で、強みを繰り返し試そう**

〈③儀式〉で「強みを活かす」を習慣化する

「内向型を活かす」最後の重要なプロセスが「儀式」です。

ここでいう儀式とは、**「自動的に強み発揮モードに入るための意図的なルーティン」**という意味です。この本を閉じても自分の強みを忘れてしまわないように、**生活の中に「儀式」を取り入れて強み発揮モードにスイッチを切り替えます。**

「儀式」のあと、慎重タイプであれば事前準備する時間に入る、研究者タイプであれば学び・分析の時間に集中できる状態をつくっていきます。

こういった儀式は多くのスポーツ選手も取り入れていて、ニュースやSNSで一度は目にしたことがあるかもしれません。たとえば、数々の記録を打ち立て、日本のみならず世界でも活躍した、元メジャーリーガーのイチロー選手。バッターボックスに入る前やバッターボックスに立ったときにいつも決まった動作をして自分のリズムをつくっていたことはあまりに有名です。

儀式は何も特別な人だけのものではありません。朝起きてメイクをすると「今日もがんばるぞ」と気持ちがONモードになったり、気合いを入れたい日に特別なネクタイを締めたり、デスクに座ったらコーヒーを飲んで仕事モードに切り替えたりすることも、儀式のひとつです。

「内向型を活かす生き方」を叶えるため、意図的なルーティンをつくり、日々実践しましょう。**自分の内側に意識を向ける集中状態に入る**ことで、結果的に、がんばる感覚なく、内向型の**強みを活かすことが自然で当たり前な状態**を目指します。

ここからは、おすすめの「儀式」をいくつかご紹介します。

まずは**興味があるものや、今の自分に必要そうなことを2〜3個選んで、1週間くらいを目安に続けてみて**ください。朝起きてすぐや、仕事を始める前など、儀式のタイミングを自分で決めておくといいでしょう。あまり多くのことをやろうとすると負担になってしまうので、試しながら自分に合うものだけを残していきましょう。

スイッチを入れる！　おすすめの「儀式」

呼吸を整える

目をつぶって、1分間呼吸をします。いつも通りの自然な呼吸でかまいません。おなかに手を当てて、おなかが膨らんだりへこんだりする感覚を受け止めます。頭の中に考え事が浮かんでもOK。そのまま受け流して、とにかく呼吸を続けます。

体の感覚を受け止める

目をつぶって、頭の上からつま先まで、上から順番に意識を向けます。頭が重い感じがする、心臓が動いている、おなかが減っている、足が地面に触れている、などを感じます。意識を向けるのが難しく感じる場合は、それぞれの部位に手で触れながら進めていきましょう。

ブックタッチング

本書『世界一やさしい内向型の教科書』を手に取り、表紙を軽く撫でます（電子書籍の方は、表紙画像を画面に表示して、手をのせてください）。そして「私は内向型を直さず活かす」と心の中でつぶやいてみましょう。本をパラパラめくってもかまいません。気になる項目があったら、そのまま数分間、読書の時間を取るのもいいでしょう。

ボディクリーンアップ

歯を磨く、手を洗う、うがいをするなど、日常的に行っていて数分でできる動作から儀式を決めます。手が汚れていなかったとしても、席を立って洗面台に向かい、手を洗う動作をすることで、集中状態に入る準備運動ができます。儀式の間は何も考えずに、水が流れる音やハンドソープの香りなどに意識を向けましょう。あるいは心の中で「今からスイッチを入れます」とつぶやいてもかまいません。自分に合うと思うほうを選んで実践してみてください。

コーヒー瞑想

ホットコーヒーを淹れるときに、コーヒー豆の香り、湯気のあたたかさや揺らぐ様子、カップを手で包んで感じる温度、コーヒーを口に入れた瞬間の舌触り……その一部始終を、ただただ感じます。瞑想を〝無の状態になること〟ととらえると難しく感じますが、〝目の前のことだけに集中して感じること〟と思うと、意外と簡単に日常の中で体験することができます（コーヒーを飲まない方は、紅茶や緑茶などお好みのホットドリンクに代えてください）。

アロマスイッチ

香りは脳を活性化させたり落ち着かせたりする効果があることが、多くの研究で明らかになっています。そこで、自分の好みや用途に合わせた香りのハンドクリームやアロマオイルをいくつか探して、デスクやバッグの中に入れておきましょう。持ち運びしやすいサイズのものだと、外出先でも使えるので便利です。リラックス状態にスイッチしたい場合は、ラベンダーやヒノキなどの香り、ONの状態にスイッチしたい

場合は、レモンやペパーミントなどの香りで効果が期待できます。

価値観ワード

126ページで「価値観を導くワーク」に取り組んだ方は、自分の価値観となるキーワードを定期的にリマインドして、スイッチを切り替えるのもおすすめです。カードにキーワードを書いて手帳にはさんでもいいですし、Canvaなどのスマホアプリで好みのテンプレートを使って価値観のキーワードを打ち込むと、簡単に素敵な画像を作成できるので、その画像をスマホの待受画面に設定するのもおすすめです。

儀式のときは、その文字を10〜30秒ほど眺めます。呼吸やアロマスイッチの儀式と同時に行うと、より効果が高くなります。

ロールモデルイメージング

「こんな風になりたい」「素敵だな」と思う著名人・芸能人の写真を見て、自分の気持ちを高めます。スマホにその人のお気に入りの写真をあらかじめ保存しておきましょう。儀式のときにその人のSNSを開くのは、むしろ注意散漫になってしまうのでおすすめしません。スマホの待受画面にしていつでも見られるようにしておくのもいいでしょう（ただし、写真の著作権や肖像権を侵害しないよう、あくまで個人で楽しむにとどめ、自分のＳＮＳのアイコンなどに使用するのは避けましょう）。

Point

- **「儀式」は内向型の強みを発揮するためのスイッチ**
- **朝、仕事の前、休憩時間など、生活の中に取り入れよう**

自然と強みが出てくる「楽々モード」にシフトする

ここまでが、〈❶知識→❷意識→❸儀式〉の３つのプロセスです。

これらを積み重ねて、「強みを使って内向型を活かす」体験回数を増やしていきましょう。するといつしか、仕事や家事・育児、人とのコミュニケーションや趣味の場面で、**自分の強みが自然と出てくる「楽々モード」になっていきます。**

環境も周りのメンバーも変わっていないのに、苦手意識のあった仕事がスムーズに進められるようになったり、人とのコミュニケーションが楽しくなったり、無理して努力している感覚なくスムーズに物事が進んだりすることが増えていきます。

「私なんてたいした強みはない」と思っていた状態から、**自分が持っている強みに対してだんだん確信が持てるようになります。**

自分の居場所や、自分だからできる役割が見えてきて「内向型を活かしたほうがうまくいく」「内向型を活かしたほうが自分にとっていい」というポジティブな認識になるので、自然とまた、その強みを使って

強みを使えば、自分らしく活躍できる

行動できるようになります。ここまで来ると、以前のように「内向型を直そう」という思考に戻りにくくなります。

「内向型を活かしたほうがうまくいく」はこれからのあなたの「お守りの合言葉」になります。

実は心の中に秘めていた、やりたいことや夢はありませんか？

「自分にはどうせ無理だし」と諦めてしまったこともあるかもしれません。

確かに、新しいことを始めるときや少し背伸びしてチャレンジするときは、「うまくいくのかな」と不安になりますよね。今まではそこで止まって「やっぱりやめよう」と引き返していたかもしれません。

でも、ここまでのワークやお試し体験を重ねてきたあなたには、「自分の強みを使えばうまくいく」「内向型を活かしたほうがうまくいく」という感覚がすでにあります。怖い、不安だと思っても、「お守りの合言葉」を胸に前に進むことができます（これを心理学用語で「自己効力感」といいます）。

つまり、**自分らしさを大切にしたまま、新しいことに挑戦できる〝強さ〟が、今あ**

なたの手の中にあります。

「整える」↓「活かす」↓「整える」は必ずセットで

最後に、これは意外と見落としがちなポイントなのですが、この第4章で紹介した「内向型を活かす」ためのプロセスも、私たちにとっては刺激のひとつです。「活かす」ための活動をがんばりすぎてしまうと、自分が思っている以上に刺激が増えてしまいます。

ポイントは「がんばりすぎない」こと。**「静かな時間」をなるべく毎週、どこかで取る**ようにしましょう。「整える」をこまめに入れるのは、決して自分を甘やかしているわけではなく、前に進むために必要なメンテナンスです。

Point

- **「内向型を活かしたほうがうまくいく」をいつも胸に**
- **「活かす」活動に疲れたら、また「静かな時間」を取ろう**

自分の〝価値観〟と〝強み〟をつかんで、自信を深めたTさん

Nさんはマスコミ関係者。華やかな職場で、内向型の自分にできることを模索する日々だったそうです。そんなNさんが取り組んだ「価値観」**のワークで浮かび上がったキーワードは「誠実さ」**。「誠実さ」を感じない仕事関係者とのやりとりや、取材相手に「誠実」に対応できない状況に、ストレスを感じていたことを自覚したのだとか。

それがわかってからは、**相手にも自分にも心地のいい「誠実」なコミュニケーションをさらに意識**しました。また、より条件のいい会社からスカウトの話が来た際も、「誠実に仕事できる環境か否か」で判断し、後悔のない選択ができたといいます。

さらに、自分が「慎重タイプ」とわかったNさんは、会議や取材の前の「準備の時間」を早め・長めに取るようにしました。**入念な下調べが自分の強みとわかったことで、より深い提案や取材結果をもたらすことができるようになった**そうです。

「**内向型であることも強みだとわかった**」とNさんは微笑みます。相手に寄り添った取材は内向型だからこそできること、と自分の仕事に自信が出てきたそうです。

第5章

内向型じぶんのトリセツ

最後の章では、具体的なシチュエーション別に、内向型らしさを肯定しながらどう行動すればいいのかについてお伝えします。すべてのシチュエーションについてご紹介することは難しいので、応対や考え方のサンプルとして、ご自身が実践しやすいようにアレンジしながら活用していただけるとうれしいです。

人間関係編

お互いが心地いい会話のコツ

ここまでお伝えしたように、「外向型であることがいい」というものさしの中で生きてきた私たちは、たくさんの悩みを抱えてきました。人間関係を築いていくのに苦労した経験のある方も、多いのではないでしょうか？

「話すのが苦手」と感じている方もいると思います。内向型は「静かな時間を求める人」なだけで「静か」とも限らないですし「口下手」とも限りません。ただ、**情報処理（入力↓処理↓出力）に時間がかかる傾向がある、というのが内向型の特徴**でした。

これを踏まえて、主に人との会話の場面においてよく悩むシチュエーションをいくつか取り上げて、対処法をご紹介します。

初対面の人との心地いい会話術

相手の情報がまったくない場合は、「初めまして」と挨拶したあとに、**相手が身につけているものや持っているものを褒めるようにする**と、その場が和んで話しやすくなります。文房具選びにこだわりがありそう、ファッションが好きそうなど、印象的なところがあれば、「その万年筆、素敵ですね。万年筆はよく使うんですか？」「服を選ぶときはどこを見るのがおすすめですか？」など質問していきましょう。

天気の話は定番ですが、誰とでもできること。**「その相手とだけ」できる話をテーマにする**ことで、自然と人となりがわかってお互いに打ち解けやすくなります。

もし、トークテーマについて自分がよく知らなかったら、その場でスマホを取り出して「おもしろいですね。ちょっと調べてみてもいいですか」などとひと言断りを入れたうえで、検索しながら話を聞きましょう。その一連の動作で「自分が好きなものに興味を持ってくれている」と、よりプラスの印象を相手に持ってもらえます。

特に初対面の人とは「相手にいかに話してもらうか」に集中しましょう。話が進んでいく中で共通点が見つかったら「実は私もなんです！」と共感のリアクションをして、ふた言ほど自分の話をしたら、またすぐ相手に話を戻します。これらの方法は、相手があまり話さないタイプだったときにも使えるコミュニケーション術です。

人は「自分の話を聞いてほしい」という欲求を持っています。意外と人の話を聞ける人は少ないので、**「聞く」姿勢を持っていると、相手にも喜んでもらえます。**「この人といると安心する、なんか楽しい」と思ってもらえたら、心を開いてもらいやすくなるので、いざ自分が話すときも緊張が和らいだ状態で話せます。

雑談するときの立ちふるまい方

「最近どう？」など、おおざっぱな質問をされたときは、「元気だよ」「今は仕事で○○をがんばってます！」など、簡単なひと言を返せば十分。そしてすぐ、こちらから相手に質問を投げかけてみましょう。思いつかなければ「そっちはどう？」でOK。

もし可能なら、**「はい」「いいえ」では終わらないオープン・クエスチョンをする**ことで、会話が自然に続きます。

質問をするときは、**ほどよい頻度で相手の名前を呼ぶと親密さが増し、相手にいい印象を与えられる**でしょう。

相手との関係性にもよるので絶対とはい

オープン・クエスチョンで会話を広げよう

オープン・クエスチョン	クローズド・クエスチョン
YES/NOで答えられない質問 5W1Hで尋ねる質問	YES/NOで答えられる質問
例「どんな映画が好き？」 「週末はどうしてた？」	例「映画は好き？」 「週末は出かけたの？」
会話が広がる	会話が広がりにくい……

い切れないのですが、**雑談で重要なのは、話の内容より「同じ時間を過ごした体験」**を共有すること。そう考えると、気持ちが楽になりませんか？　端的にいえば**「その場が保つこと」が大切**なのです。そのため相手に話を促して、自分が会話のボールを持つ時間や、無言の時間をほどよく減らすことが、内向型に無理のない雑談術です。

興味のない話題のとき／ソリが合わない人と話すときの対処法

人づき合いの中では、自分が望まない相手と一緒に過ごさなくてはいけないときもあります。その場を離れられない場合は、内向型が持つ「研究者」の強みを使って、その時間の目的を**「知らないことを知れる学びの時間」「価値観の多様性を知る人間観察の時間」などに切り替える**といいでしょう。

たとえば、興味の湧かない歌手が話題の場合、「その人の魅力は何？」「ほかの歌手と何が違うの？」「好きになったきっかけは？」「その人の歌を聴くとどんな気持ちになるの？」など、一歩踏み込んで聞いてみると、おもしろく感じやすくなります。すべて学びとして吸収しようと思うと、心持ちもだいぶ変わってきます。

話したいことが、うまくまとまらないときの対処法

話の最中に、**今自分が何を話しているのかわからなくなって**困惑しながらしゃべり続けたり、急に黙り込んでしまったりした、苦い経験を持つ方もいると思います。

実は、ちょっと意識するだけで話しやすくなる簡単なコツがあります。

その簡単なコツとは、**「一文を短く区切る」**ということです。

文を短く切った話し方

「私もそのお店に行きたいと思ってたんだよね。確かこの前、友だちも行ったって言ってた。ケーキが名物だけど、ドーナツがおすすめらしいよ」

文を切らない話し方

「私もそのお店に行きたいと思ってて、確かこの前、友だちも行ったって言ってた気がするんだけど、ケーキが名物だけど、ドーナツもおすすめらしくて……」

いかがでしょう。文字で読んでも、一文が長いとわかりづらいですよね。

特に、自分の意見や過去のエピソードなど、ボリュームがあるもの、内容が深いものであるほど、区切らずに話し続けると自分が何を言っているのかわからなくなり、お話迷子になりやすいです。聞き手からしても「いつこの話が終わるんだろう」とストレスを感じやすいのです。

一文を短く区切る。**区切ることでほんの少しですが時間の余白が生まれて、話し手、聞き手の双方が頭や心を落ち着かせることができます。**

また、話の途中で頭の中を整理したくな

短く切って話せばわかりやすい

私も行きたいと思ってて、
ケーキが名物なんだけど……

△ 1文が長いと、伝わりづらい

私も行きたいと思ってたの。
ケーキが名物なんだって。

◎ 1文が短いと、伝わりやすい

ったら、**「ごめん、ちょっと言いたいことをまとめるね」とひと呼吸おかせてもらう**のも手です。名スピーチのような流暢さは求められていないので、すんなり「いいよ」と了承してくれることでしょう。

Point

- **「聞き上手」になれれば、会話も怖くない！**
- **「一文を短く区切る」と、自分も相手も心地いい**

仕事編

自分らしく活躍する

ビジネスシーンでは、社内外含めて複数の人とかかわることが多く、外向型が高く評価される傾向があるので、**内向型にとってはやりづらさや肩身の狭さを感じやすい**

環境です。外向型のペースを基準に物事が進んでいくことも少なくない中で、どのように仕事に取り組んでいったらいいのかご紹介します。

まずは前提として、自分の仕事に誠実に取り組み、周りからの**「信頼貯金」を日頃からコツコツ貯めておく**ことが重要です。

もし、普段の業務を適当にこなしている人が「私は内向型なので会議が苦手です。自分のペースで参加したいのでよろしくお願いします」と主張したら、それは自己開示ではなく、ただのわがまま・言い訳と受け取られるでしょう。

「信頼貯金」で仕事がスムーズに

周りの人で内向型と外向型の違いや特徴について知っている人は、まだそう多くないと思います。日頃から自分の強みを活かして淡々と仕事に取り組んで「この人は仕

事をきっちりこなしてくれる」「時間があれば、確実な質に仕上げてくれる」といった**プラスの評価をつくっておきましょう。**

そうすることで、今から伝えるちょっとしたテクニックが実践しやすくなり、周りとの関係を良好に保ちながら、よりストレスなく仕事ができるようになります。

会議の場での立ちふるまい方

事前の準備

内向型にとって、事前準備がしっかりできているか否かによって、会議へのかかわり方や貢献度が大きく変わります。**準備の時間は意識して取るようにしましょう。**

事前に会議の内容や目的がわかる場合は、できる限り議題になりそうな事柄を予想してメモします。理解が及んでいないことや、いざ発言を求められたときに答えるのが難しそうなことに関しては、**事前に情報を調べ、自分の考えを箇条書きでまとめて**おきましょう。

不安で、発表内容をそのまま読めるスピーチ原稿のように書いておきたくなるかもしれませんが、おすすめしません。棒読みになり言葉に熱が入りませんし、一度目を離すとどこまで読んでいたかがわからなくなり、焦ってしまう可能性があるからです。

また、状況によって妥当なら、**まとめた考えや質問を会議が始まる前の段階で、同席者や上司に伝えたり、資料を事前に提出したりする**のもひとつの方法です。自分のペースである程度進められる事前準備の段階で、さりげなく**能動性をアピール**しておきましょう。いざ会議が始まって発言の回数が少なかったとしても「会議に対して消極的ではないんだな」とマイナス評価を避けることができます。

会議の当日

会議の場で、複数人と臨機応変にディスカッションをするのはハードルが高いと感じる方も多いかもしれません。まずは**「事前準備したものを発表する」ことを目標に**して、発言してみましょう。

このとき、**あえて少し低音でゆっくり話す**のもひとつのテクニックです。ゆっくり話すことで、自分の頭の中を整理して、心を落ち着ける時間をつくれますし、参加者に「落ち着いていて聞きやすい」という印象を持ってもらえます。

「話し方がゆっくりな人なんだ」と認識されれば、その後のコミュニケーションも取りやすくなります。「周りに合わせて早口でハキハキしゃべらないと」と思うと、せっかく準備したことも満足に言えなくなってしまうので、「ゆっくりしゃべるキャラ」として会議に臨むことをおすすめします。

このとき、全員に向けて話そうとすると緊張するので、事前に話を伝えておいた同席者や上司、あるいはこちらと目を合わせ、うなずいて**リアクションを取ってくれている人に向けて話してみましょう。**参加者の

目が合う人に向けて話せば緊張も和らぐ

中にひとりでも味方を見つけられれば、グッと話しやすくなります。

自分の意見を言うのが難しいときは、**質問する、話の内容の確認をする**のもいいでしょう。**有意義な質問ができれば議論が活発に**なりますし、**話の方向性を改めて復唱することは参加者の頭の整理に**つながります。また、何も発言しないよりは、ひと言でも声を出したほうが、仕事への積極的な参加の姿勢を伝えられるでしょう。

会議でいきなり当てられるのが苦手だったり、発言に躊躇したりする人は、**議事録係を買って出て、会議の内容をわかりやすくまとめる役割に徹する**方法もあります。

🐾 会議のあと

内向型は情報の「入力↓処理↓出力」に時間がかかる傾向があるので、議事録を作成することを通してまずは「聞く↓整理する↓簡潔に文章にまとめる」をトレーニングしてみましょう（議事録係でなくても、情報を整理してまとめることは積極的にやってみましょう。会議後にふり返る工数がなくなるので、時間を節約できます）。

もし会議の場で発言できなかったとしても、落ち込むのはまだ早いです。会議はその後のプロジェクトを進めていくための通過点のひとつ。**会議が終わったあとに浮かんだ意見やアイデアがあれば、積極的に伝えましょう。**

「先日の会議の内容を踏まえて、さらにできそうなことを考えてみたのですが〜」といった感じで提案や報告をします。

通常業務のときはメールやチャットなど文章でコミュニケーションできることも多いと思うので、内向型にとっては有利なシチュエーションともいえます（なお、会議で決定したことをあとから覆そうとしたり反対意見を言ったりするのは、むしろ逆効果になることも。状況を踏まえて判断しましょう）。

予定外の仕事を急に頼まれたときの対処法

「この仕事やってほしいんだけど」と急に業務がふってくることも、部署や立場によってはあるかもしれません。

急な頼まれ事で困ることは、大きく分けるとふたつ。ひとつは、**自分がこなせる仕事のキャパシティを超えてしまう可能性がある**こと。そしてもうひとつは、**計画していた仕事のスケジュールが狂ってしまう**ことです。

内向型は刺激に敏感な傾向があるので、急な予定変更や臨機応変な対応は得意でないといえます。とはいえ、組織で働いている限り、毎回断るわけにもいかないと思うので、自分がコントロールできる範囲での対処法をいくつかお伝えします。

緊急性や期日の有無を確認する

断りづらさから概要を確認せずにふたつ返事で引き受けてしまうと、自分の首を絞めることになりかねません。たとえば、締め切りが近い仕事をすでに抱えている状況で、緊急性の高い仕事を受けてしまったら、あとから大変になるのは自分です。

まずは冷静に、**その仕事の概要、緊急性、期日の有無などを確認**しましょう。たとえ相手に面倒くさそうにされても、あなたが傷つく必要はありません。仕事を適切に進めていくための確認作業なので、必要なことをしているだけ。むしろ確認しなかったことで業務が滞り、納期が遅れてしまうデメリットのほうが大きいでしょう。

もし概要を確認して**引き受けるのが難しそうだと思ったら、YES／NOで答えるのではなく、提案型で返事**することをおすすめします。

「現在、〇日が期日の△△△に対応しています。〇日頃以降であればこちらのお仕事も対応できそうですが、問題ないでしょうか？」といった感じで、今の自分の状況とスケジュール案を伝えます。すると「その仕事の納期を3日遅らせてもかまわないので、こちらを先にお願いします」「じゃあAさんに頼んでみようかな」などと新しい提案や指示をもらえるはずです。

YES/NOで答えず、提案する

ちょっとできないです

△「NO」で答える

来週以降の着手でいかがですか？

◎ 提案型で返事をする

上司の性格や考え方、状況によって、100％うまくいくとはいえませんが、**「と**

りあえずなんでも頼みやすい人」というラベルづけを避けられる点では有効です。「あの人だったらなんでもやってくれる」と思われると、どんどん無茶ぶりされる負のループに陥る危険性があるので、提案型での返事を心がけるようにしましょう。

引き受けた仕事のタスク名をメモ書き

新たに引き受けた仕事は、あとから内容がわかるように、まずは簡潔にメモ書きをするだけで一旦対応を終えましょう。すぐに手をつけたくなる気持ちもわかりますが、予定外に飛んでくる業務にその都度手をつけてしまうと、それらにふり回されて、いつまでも本来やるべき仕事が片づかない、ということになってしまいます。

手帳やふせんを使ってもいいですし、タスク管理アプリやチャットツールなど普段お使いのものでかまいません。もし所要時間の目安がなんとなく予想できる場合は、その**所要時間の数字も横に書き入れておきます。**

例「A社フォローの資料修正10ページ　1時間」

そして、**今抱えているタスクをすべて見渡して、改めて優先順位をつけて**いきましょう。その場その場で反射的に手を動かしていると作業の進捗が把握しづらいですし、ミスも起きやすくなります。頭の中が整理できていない状態だと作業の正確性や判断力も鈍ってしまうので、**書き出すことで頭の中をこまめに整えましょう。**

予定外のことはいつ起きるかわかりません。いざイレギュラーなことが起きたときでも動揺を最低限に抑えるために、常日頃から業務整理をして、仕事も心もこまめに整えることが大切です。勤務中に整える時間が取れない場合は、ランチ休憩や通勤の移動時間などの隙間時間を上手に使うといいでしょう。

会社のイベントや飲み会を乗り切る方法

会社によっては、社内イベントや飲み会が定期的に開催されることもあるでしょう。たとえ仕事仲間と良好な関係を築いていたとしても、大人数で過ごす場やにぎやかな場所は内向型にとって刺激が多いシチュエーション。自分の体調や気持ちも踏まえながら、**会社のイベント事とはほどよい距離感でつき合っていきたい**ものです。

幹事として参加する

気乗りしないけれどイベントに参加する必要がある場合は、ひとつの対策として、**会計係や写真撮影係など幹事の仕事を担当する**という方法があります。参加者として無理に楽しもうとすることを手放して、裏方として動くことに集中するのです。何か役割や作業があれば、イベント中に**単独行動をしたり、静かに過ごしたりしていても違和感が少ない**ですし、罪悪感も覚えにくいので、むしろ気がラクです。

幹事側の役割を通じて「参加費集めますね～」「写真撮りますよ～」などと声をかけるタイミングがあることによって、普段なかなか言葉を交わすことがない人とも軽くコミュニケーションが取れる機会につながります。

内向型の人を見つけて、仲を深める

同じ内向型の人を探して、一緒に過ごすのもおすすめです。第2章でお伝えしたとおり、実は内向型は2～4人に1人と多いので、会社の中にもいるはず。また、内向型の特徴や強みを「知識」としてインプットしているみなさんなら、会話の様子や仕事ぶりを見て、その人が内向型寄りかどうか、なんとなくわかると思います。

自分と同じように居心地が悪そうにしている人や、ひとりでいる人がいたら、「おつかれさまです」とひと声かけてみましょう。**「こういう会ってちょっと緊張しますよね」**などと添えると、今の気持ちを共有できる人だと伝わって、相手も安心してくれます（同期や後輩であれば声をかけやすいと思います）。

相手の反応を見て、そのまま話せそうであれば、１対１で会話を進めてみてもいいでしょう。内向型は３人以上の会話に苦手意識を持つ傾向があるだけで、むしろ１対１でゆっくり話すのは得意。イベントの場であっても**「この人と少し仲よくなって10分でも会話を楽しめたらそれで十分」**くらいの感覚で過ごすといいと思います。

10分会話を楽しめたらOK！

にこやかにリアクションを取る

幹事の仕事はしたくないし、誰かに話しかけるのもハードルが高い。そんな人は、無理に誰かと話そうとしなくていいので、**表情管理とリアクションを心がけましょう。**

緊張すると顔がこわばって無表情になりやすいです。ただ戸惑っているだけなのに、場合によっては「機嫌が悪そう」とマイナスな印象を与えてしまいます。誤った印象を持ってほしくないですし、その後の仕事がやりにくくなったら嫌ですよね。

表情豊かなだけで話しやすい！

その後の関係性が悪くならないための潤滑油として、口角を上げて和やかな表情をつくったり、相手の話を聞いているときにリアクションをしたりしてみましょう。無理に自分を取り繕わなくていいのですが、うなずいたり笑ったり驚いたりするだけで、「なんか話しやすいな」という印象になり、それが転じて**「この人と一緒にいると心**

地がいい」と思ってもらいやすくなります。

これは「外向型になりましょう」と言っているのではありません。**積極的に話さなくても相手にいい印象を与えられる「内向型だからこその処世術」**です。内向型は聞きながら考えることで精いっぱいで、表情が硬かったり反応が薄かったりする傾向があるので、聞く姿勢は変えずに表情だけ少しリラックスしてゆるめてみましょう。

これは、イベント時に限らず、普段の仕事中も心がけるといいですね。

参加しないという選択

自由参加のイベントであれば「参加しない」という選択もありだと思います。

最初のうちは「行きましょうよ～」と声をかけられるかもしれませんが、自分を整えることや「静かな時間」の確保を優先したいのであれば、その気持ちを大切にしましょう。このとき、**重苦しく申し訳なさそうに言わない**ことがポイントです。**さらりと「予定があるので、私は欠席しますね」**と言うほうが、意外とすんなり受け入れられるものです（ひとりで「静かな時間」を過ごすのも立派な予定ですしね）。

外向型の上司と上手につき合う方法

自分と真逆の気質を持つ上司に対して、苦手意識やストレスを感じやすいのは自然なことです。外向型の上司の下では仕事しづらい、ということもあるかもしれません。

そういうときは、「上司と自分はタイプが違うんだ」という前提を忘れないようにしましょう。**自分の内向型らしさを封印するのではなく、相手の外向型らしさを批判するのでもなく**、外向型と内向型の組み合わせだからこそできることがないか、という視点で見るのがポイントです。「真逆のタイプだから嫌だな」ではなく「**成長のヒントがもらえるかもしれない」と自分にメリットがあることととらえる**と、上司とのかかわり方も自然と変わってくるでしょう。

上司の長所を分析する

内向型と外向型の違いを知らないままだと、「なんで考える前に発言するんだろう」「大きい声や急かすような態度が怖い」といった感じで、その上司に対して嫌悪感や不信感を抱いてしまうかもしれません。マイナスの印象を持っている状態では、水と油のように反発してしまいますよね。

まずは、**普段の仕事の様子を観察して、その上司の長所や強みを見つけましょう。**その上司だからこそ成果を出していることや、周りに評価されていることが何かしらあるはず。それに気づくと、自分にはない強みがあることに多かれ少なかれ尊敬の気持ちが芽生えると思います（「私にはできない」と落ち込む必要はまったくありません）。**上司の長所を自ら見つけにいくことで、マイナスな印象が和らぎます。**

また、仕事の進め方や人とのかかわり方など、自分も**取り入れたいと思ったことは無理のない範囲で真似**してみましょう。内向型の強みを活かしつつ、外向型の上司のいいところもエッセンスとして取り入れることで、自分もレベルアップできます。

上司のいいところを見つけよう

「上司のトリセツ」をつくる

また、真逆の気質だからこそ、「研究者」の強みを活かして「上司のトリセツ」をつくるのもおすすめです。仕事の進め方や、今の仕事に対する思いや価値観、チームメンバーに求めるもの、かかわり方、これまでの仕事の経験談、リフレッシュ方法や最近ハマっていることなどを、取引先への移動中や一緒にランチに行くとき、飲み会の席などで直接質問してみるのです。

部下が自分のことを知りたがってくれるのはうれしいものです。**「聞く」というコミュニケーション方法で、上司との心の距離も縮まりやすい**でしょう。インタビュアーのように質問してみて、仕事に活かせそうなことは取り入れていきましょう。

先手、先手の報告を心がける

業務の報告は、上司から促される前にこちらから伝える、結論から話す、などを意識するといいでしょう。外向型は瞬発力があるため、周りにもスピード感を求める傾向があります。報告の手段は**1対1の対面か、メール、チャット**なら、お互いにストレスがなくいいかたちでコミュニケーションが取れるでしょう。

可能なら、「○時から10分ほどお時間いただけますか？　進捗を報告させてください」と**約束を取りつけて、そのときにまとめて情報共有**をするようにしてもいいと思います。こちらが事前に準備する時間も確保できますし、決まったタイミングでコミュニケーションできるので、内向型を活かしながら上司とかかわることができます。

部下の教育やマネジメントを任せられたとき

お勤めの年次を重ねていくと、自分の希望にかかわらず、部下の教育やチームのマネジメントを任せられることがあります。すでにマネジメント職に就いて試行錯誤している方もいるのではないでしょうか。

自分が上司の立場になるときも、１９６ページの「外向型の上司と上手につき合う方法」と根本的な考え方は同じです。部下が同じ内向型であれば、自分がしてほしかった接し方・仕事の進め方をすればいいですし、外向型であれば部下への理解を深めて、お互いが持っている強みをそれぞれ活かして相乗効果を起こすことを考えてみましょう。**部下の気質を総合的にとらえて、それぞれの強みが最大限発揮できるように業務分担してチームマネジメント**できれば、みんなが強みを活かして大きな結果を出すことができます。

強みを発揮し、苦手を補い合う
チームマネジメントを

また、**朝礼**の場など大人数の前に立って、話をする必要も出てきて、そういうシーンでは気が引けるという方も多いと思います。基本的には184ページの「会議の当日」でお伝えしたのと同様に、**こちらの味方と感じられる人へ向けて話す**と心が軽くなります。

マネジメントの場面でも、**1対1もしくは少人数で接する時間を積極的に取って、**自分が話しやすい環境でじっくり丁寧に部下とかかわっていきましょう。

背中を見せてみんなを力強く引っ張っていく先導型のリーダーにならなくていいのです。**一番後ろで全員の背中を見ながら、必要なときに横に寄り添い、耳を傾ける支援型のリーダー**が、内向型を活かすマネジメント像のひとつといえます。

「内向型に向いている仕事」は何か

「内向型に向いている仕事って、どんなものですか？」

よく聞かれる質問のひとつです。ネットで検索すると「内向型の適職」がリストアップされている記事もたくさん出てきます。その中には、たとえば事務職や、ひとりで黙々とできるプログラマーなどが挙げられています。

本当に内向型に向いている仕事とはなんなのでしょうか？

私は、内向型に向いている職業や職種として、**これというものに絞り込むことはできない**と思っています。**何をするか（Ｗｈａｔ）ではなくどう取り組むか（Ｈｏｗ）が大事**だと考えているからです。

たとえば、営業をサポートする営業事務の仕事で考えてみます。営業のための資料作成と並行しながら、電話応対や来客応対など突発的な業務も発生する、騒々しい職場だったらどうでしょう？　臨機応変に動ける人であればぴったりですが、「コツコツタイプ」の特徴を強く持っている内向型の人には負担が大きいかもしれません。

このように同じ職種であっても、業務内容も違い、その会社やポジションで必要とされる「姿勢」や「能力」も違います。そのため、**単純に職業や職種で内向型の向き不向きを判断するのは妥当とはいえません。**

私が仕事を選ぶうえで大切だと思うのは、次の3つです。

- 内向型の〈強み〉を発揮して取り組む余地があること
- これまでの人生で培ってきた〈経験〉を取り入れる余地があること
- 自分が大切にする〈価値観〉を尊重して働けること

内向型の適職を導く３つの輪

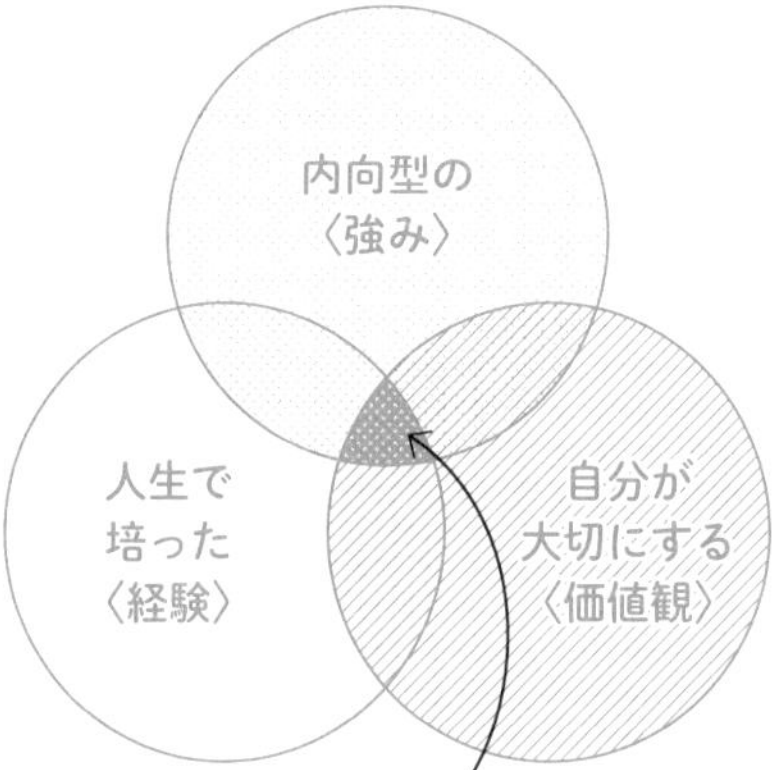

３つの輪が重なるところが、内向型の適職

強みと経験、価値観を活かせる職業なら、それは内向型の適職といえます。

「内向型に向いている仕事は？」ではなく**「自分の強みや経験を活かせる仕事は？」**で考えてみてください。

とはいえ、すぐに候補が浮かばないという方もいると思います。

参考までに、今までお会いした内向型の方で、その特性を活かして働いている人の職業をいくつかご紹介します。あくまで一部なので、参考としてご覧くださいね。

●人事…同じ内向型の社員の気持ちに寄り添える
●営業…飛込営業は苦手だが、情報収集など事前準備や傾聴力で最適な提案ができる
●研究職…持ち前の「研究者」の気質を活かして、能動的に研究に打ち込める
●マーケティング…膨大なデータを活用して、企画や宣伝戦略を生み出せる
●営業事務…営業職がスムーズに動けるように先回りしてフォローする
●事務…コツコツ継続して確実に、計画的に業務をこなす
●司書・学芸員…静かな環境で、自分の作業や研究に向き合える
●ライター…情報をまとめる力や言語化の力を活かせる
●デザイナー…依頼主の意図を汲み取り、人の心に届く表現ができる
●イラストレーター…「アーティストタイプ」の気質を発揮して世界観を表現できる
●動画クリエイター…細かい作業が得意で、わかりやすい内容にまとめられる

Point

●**自分の強みを活かして働ける環境を整えよう**
●**「考える時間」「1対1の時間」をつくるのがおすすめ**

恋愛&パートナーシップ編

じっくり関係を深める

「出会いがない」

「話すのが苦手だし、自分のことを好きになってくれる人なんているのかな」

「気になる人ができたとしても、どうアプローチしたらいいかわからない」

「恋愛や結婚には向いていないのでは？」


恋愛やパートナーシップに苦手意識や不安を感じている方もいるかもしれません。

ですが、本書ですでにお伝えしている通り、内向型はコミュ障でも根暗でもなく、ただ「静かな時間を求める人」です。**恋愛とは無縁だ、と諦める必要はまったくありません。**あなただからこその魅力は絶対にありますし、パートナーへの接し方のちょっとしたコツを知っておくだけでも、恋愛に対するイメージは変わると思います。

内向型のあなたのままで、自然体のあなたのままで、お互いの価値観を尊重できるパートナーと、心穏やかな時を重ねられますように。

内向型に向いている出会い方

多くの内向型は、じっくり考えてから自分の意見や気持ちを話す傾向があるため、**初対面ではあなたの魅力が伝わり切らない可能性があります**。また、聞き役に回ることが多く、聞いた話を自分の中で咀嚼しながら会話を進める傾向があるので、**お互いを知っていくには一定の時間を共有したほうがスムーズ**なことが多いです。

内向型がその魅力を発揮するキーワードはとにかく「時間」です。一緒に過ごす時間がある程度長い、もしくは複数回会う機会があるなど、お相手の方と接する時間を長く取って〝長期戦〟で攻めたほうがあなたの魅力が伝わりやすく、恋愛に発展する可能性が高くなるでしょう。

おすすめの出会い方

◎ 社内恋愛、仕事上のつき合いがある人、趣味の場で知り合った人、共通の知人の紹介
◎ マッチングアプリ
△ 結婚相談所・お見合い
× 合コン・街コン・大人数の婚活パーティー

内向型にとって有利な出会い方のひとつは、**社内恋愛または仕事でおつき合いがある**など、ある程度の期間、定期的に接することができる場での出会いです。接する時間を重ねることで「この人ってこういう素敵なところがあるんだな」「話すうちに考え方や性格がわかってきた」と長期戦で魅力を伝えることができます。

また、**共通の知人を通じた出会い**もいいと思います。積極的な自己表現が苦手でも、ご縁をつなげてくれた知人があなたのよさをプレゼンしてくれるでしょう。共通の知

り合いがいる安心感から、いざお相手と会ったときにも会話しやすくなります。

もうひとつのおすすめは、**マッチングアプリ**です。「意外だな」と思われるかもしれませんが、実は内向型にとってチャレンジしやすい出会い方だといえます。

というのも、マッチングアプリはお互いの情報を見たうえで、会いたいと思ったら連絡を取って当日を迎える流れ。つまり、**時間をかけてお相手の情報を確認し、お会いする前に心の整理をするなど事前の準備ができる**のです。

アドリブ的な会話が苦手でも、事前にお相手が興味のあるものなどを調べておけるので、いざ会ったときに話がしやすくなります。

また、内向型の人はコツコツ続ける強みを持っている人が多いので、すぐうまくいかなくても活動を続けることで、出会いのチャンスをつかめる可能性があります。内向型の〝攻めの恋愛〟はマッチングアプリといえるでしょう。

内向型に向かない出会い方

内向型が苦手とする出会い方もあります。

たとえば、**合コンや大人数の婚活パーティー**。出会いの場としてメジャーな選択肢ですが、その場でいかに自己アピールをして次につなげていくか、という瞬発力が必要なので、内向型にとっては不利な場といえるでしょう。

しかも、内向型が苦手とする3人以上のシチュエーションです。ライバルに外向型が参加している可能性も加味すると、その**数時間であなたの魅力を伝えるのはかなりのハードモード**です。

苦手な状況にストレスが溜まりますし、その出会いが次につながる可能性は低いのであまりおすすめできません（もちろん、こういった場がきっかけでパートナーを見つけてご結婚された方もいるので、絶対にダメというわけではないです）。

ちなみに、結婚相談所などのサービスや親族からの紹介による**お見合い**では、内向型の強みを意識することで素敵なご縁を引き寄せられるかもしれません。合コンとは違って隣にライバルがいないので、1対1でゆっくりお話ができます。

また、お相手も本気で今後の人生のことを考えているので、じっくり深い話をしても違和感はないでしょう。**お互いが大切にしたい価値観やパートナーシップに求める**

ものなど、ゆっくりお話ししてみるといいと思います。

内向型の気質を活かして意中の人を射止めるアプローチ方法

内向型の「じっくり考える」気質を積極的に使っていきましょう。まるで熱心なインタビュアーのように**お相手の話を注意深く聞いて、情報を集めます**（学びに没頭できる「研究者」の強みと、あらゆる可能性を考えられる「慎重」の強み、両方を使えるシチュエーションですね！）。共通の知人がいたら、単刀直入にお相手のことを聞いてみるのもいいと思います。

何が好きなのか、何に興味があるのか、動画やテレビは何を観ているのか、目星をつけて、LINEでのやりとりや会ったときの会話に取り入れていきます。そして**お相手が喜びそうなことが何かを考え、言葉や行動で表して**みましょう。

「先日、Yさんが話していた芸人さんのネタ、観ました！　すごくおもしろかったです。今度、ライブがあるみたいなので、一緒にどうですか？」といった具合です。

そうして時間をかけて接する機会が増えるほど、いつの間にかお相手にとってあなたが居心地のいい存在になる可能性が高くなります。

ここでの注意点は、お相手を喜ばせようとして、時間、お金、気持ちなどの面で、**あなたが無理をしないこと**。お相手のことを大切に思いつつも、**自分の考えや思っていることも伝えて**いきましょう。自分の考えを言うことと、わがままを言うことは似ているようでまったく違います。自己犠牲をして懸命に相手に合わせれば、しばらくはそれでうまくいくかもしれません。ですが、仮に晴れておつき合いするとなったあとに長続きしません。続いたとしても、偽りの自分でちょっと背伸びして盛った分、どんどん自分が苦しくなり、本当に幸せなパートナーシップとはいえないでしょう。

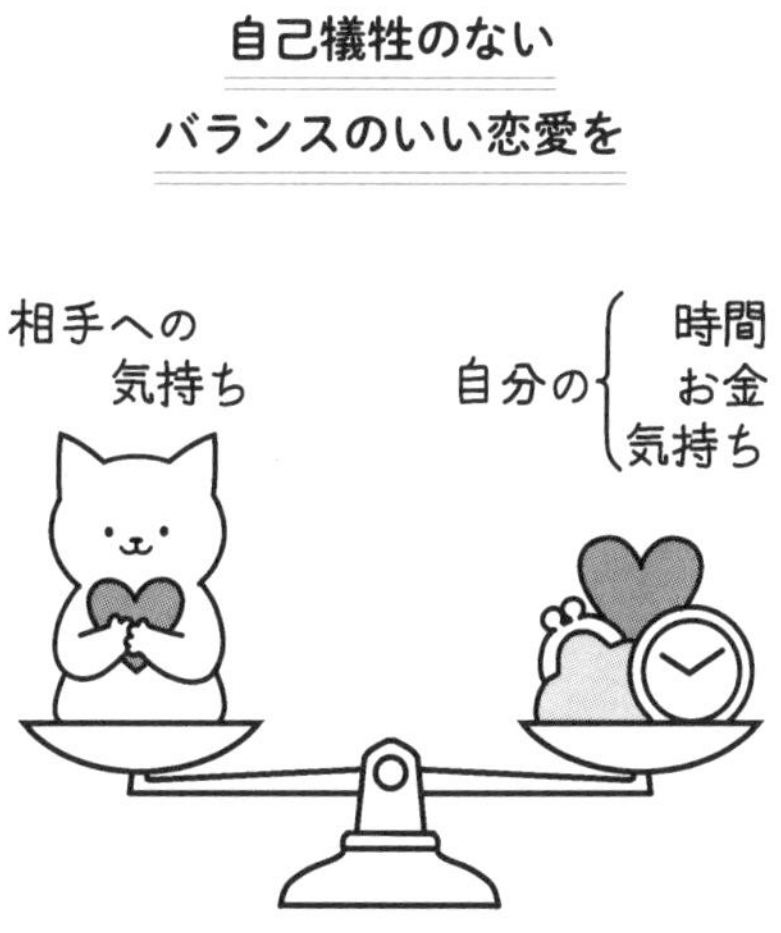

外向型の相手とのパートナーシップのコツ

お互いがお互いのことを知る、**「相互理解」が大きなキーワード**です。

外向型がお相手の場合、「私たちだからこそいいよね」という共通認識を得てカチッとハマるまでは、お互いにストレスが溜まりやすいので慎重に進めていきましょう。

内向型と外向型の組み合わせは、心地いいと感じることや得手不得手が違うのです。

だからこそ**「違う」という前提からスタートして、自分にない相手の魅力や傾向を知って、価値観を認め合うことが重要**です。

休日の過ごし方

たとえば、外向型の人は刺激を増やすことで心をコントロールしているので、よかれと思って休みの日に外出に誘ってくれて、ふたりで一緒にいる時間を長くつくってくれようとするかもしれません。一方の内向型は、すでにご存じの通り「静かな時間」が必要です。相手に合わせすぎて「静かな時間」が慢性的に不足してしまうと、心も体も疲れてしまいます。そういうシチュエーションになったときは、頃合いを見て、まずは誘ってくれることや一緒の時間を増やそうとしてくれることへの感謝を伝えたうえで、自分には「静かな時間」が必要だからひとりで過ごす時間も大切にしたい、ということを共有しましょう。

相手の性格を変えようとしたり、相手に何かを直すことを求めるのはおすすめしません。お互いの「らしさ」を尊重して、それぞれが「直さず活かす」という同じ方向を向いた状態で、どんな関係性でいたいか、どんな関係にバージョンアップしていきたいか、会話を重ねましょう。

一緒に暮らすときのポイント

また、一緒に住む場合は、**ちょっとした生活習慣の感じ方にギャップが出る**場合があります。たとえば、刺激を感じやすい内向型にとっては、大音量で流れる音楽やドンドンと響く足音などがプチストレスになります。でも相手は悪気があるわけではなく、それが気にならないから（好きだから）当然やめようともしません。

私は苦手なんだよね、とストレスを感じているることを伝えなければ気づいてくれません。このとき、「気になるから、音小さくして」と感情的に伝えると相手の気持ちを害してしまうこともあるので、**自分を主語にした「アイ・メッセージ」**で、「私は大きい音量が苦手で気になってしまうから、音量を下げてくれたらうれしい」といった感じで伝えるといいと思います。

また、外向型のお相手がストレスを感じていることもあるかもしれないので、自分の意向だけ一方的に伝えるのではなく、相手の好き嫌いや要望を聞くことも忘れないようにしましょう。

アイ・メッセージで伝えよう

内向型同士のパートナーシップのコツ

内向型がお相手の場合、似た価値観を持っているため、最初から居心地のよさを感じやすいでしょう。そのうえで、さらに良好なパートナーシップを築いていくためのポイントがあります。それは、**お互いに腹を割って本音で話す**、ということです。

ひとりで内省するのが得意な内向型ですが、本当に思っていることを相手に伝えず**自分の中に溜め込んでしまうと、少しずつパートナーとの間に隙間ができてしまいます**。表面的には喧嘩もなく穏やかな関係性なので、すぐに大きな問題は起きないかもしれません。ですが、その上辺だけの居心地のよさのままなんとなく過ごしてしまうと、いざ本当に大事なことが目の前に現れたときに目を合わせて話せない、本音で向き合えない状態になってしまいます。

最初は相手への配慮だったのが、傷つけないように、傷つかないように、と遠慮が強くなっていくと、言いたいことが言えない、心の通い合いが希薄な関係になってしまいます。信頼関係が土台にあって、**心の握手ができる絆をふたりで一緒に築いていくことが、内向型同士のパートナーシップの幸せのかたち**といえます。

内向型同士だからこそのコミュニケーションの取り方

そのためにも、ふたりがリラックスして話ができる選択肢をいくつか持っておくのがおすすめです。静かなカフェ、温泉やサウナ、食事、ドライブなど、普段のふたりの関係性を踏まえて選んで、定期的にゆっくり話す時間を重ねましょう。

自分の気持ちを直接言葉で伝えるのが苦手な場合や、顔を合わせる時間がなかなか取れない場合は、**交換日記をする、ふたりの間だけで使う共通のSNSアカウントやブログを開設して、文章でやりとりするのもおすすめ**です。**文章にすることで思考や感情が整理されますし、自分の気持ちを客観視できるメリットも**あります。不満や不安も、書いて言葉にすればすっきりすることもあります。一度文字にする工程をはさむので、**感情的なぶつかり合いが起きにくい**のもいい点です。

文章でのコミュニケーションは、特にコツコツタイプの内向型には継続しやすい方法です。お互いにひとりで過ごす「静かな時間」を尊重しながら、ふたりの心を通わせる時間も大切にしていきましょう。

Point

- 内向型の得意な「1対1」で出会いの機会を持とう
- 強みの「丁寧さ」で相手との絆を育もう

いかがでしたか。ここまでが、本書の「内向型を直さず活かす」メソッドです。

「自分は内向型。でも、それも悪くないかも」そう思えるようになっていたら、大きな前進。今はまだ小さな変化に思えるかもしれませんが、その**「悪くないかも」の感覚はとても大切**です。ぜひ、ご自分の生活に「静かな時間」を取り入れて、「整える」「活かす」アクションを続けてみてください。

毎日の小さな行動の積み重ねが自信につながり、**気がつけば「内向型を活かせている」「毎日が充実している」ステージにたどり着ける**ことでしょう。今の感覚を忘れないために、まずは何かひとつ、**「明日やりたいこと」を予定に入れましょう。**

「内向型を直さず活かす」の合言葉が、あなたの人生を明るく照らしてくれることを願っています。

おわりに

人をうらやましく思ったり、自分なんて……と自信をなくしてしまったり。

実は今も私は、そんな葛藤を繰り返しながら、毎日を生きています。

ありがたいことに内向型カウンセラーとしての活動は順調だったのですが、実はこの3年ほど活動をストップしていました。

「内向型」「外向型」と区切ることは客観的に自分を知るヒントになる一方で、**「私は内向型だから仕方ない」という決めつけや諦めを促して、自分の可能性を狭めることになってしまうのではないか。**そう思うようになって、発信することに臆病になってしまったんです。

私がやっていることは本当に必要なのか、人のためになっているのかと、悩みました。フォロワーさんが増えて、1冊目の書籍も出版させていただき、自分の中で〝まあまあやり切った感〟を覚えたことも、ブレーキをかける要因のひとつだったと思います。

そんな中、2023年の夏に、民間企業が主催する「教育と自然を学ぶ」がテーマのプログラムに参加し、フィンランドに渡航しました。プログラムそのものは本当に素晴らしかったのですが、内向型の私にとっては、そのすべてが刺激過多でした。

- みんなの前で発表すること
- スピーディーなアウトプットを求められること
- 移動やイベントで盛りだくさんの日程をこなしていくこと
- 代わる代わる知らない人たちと交流すること
- 常に誰かの存在を気にしながらシャワーや身支度をしなければいけない環境
- ひとりの時間や空間が確保できない状態

しんどいな、やっぱ苦手だな、と心の中で苦笑いする日々でした。

そして、**「私は私でしかいられない。内向型を直さず活かそう」**と(いい意味で)

諦めていたことを思い出しました。

参加者は中学生・高校生・大学生・社会人と、年齢層豊か。時間をともに過ごすにつれて、私と同じ内向型タイプの参加メンバーが意外と多いことも徐々に感じるようになりました。

感じたことや学んだこととの整理が追いついていない人。受け取ることに精いっぱいで、本当はもっと時間が欲しいと思っている人。そんな中でも、今できる限りのことを一生懸命アウトプットしている人。心やさしくて魅力に溢れていて希望しかないはずの子たちが、**周りについていけなかったり、親から言われた言葉にがんじがらめになっていたりして、苦しそう**でした。それが過去の自分と重なったのです。

そして、自分に幻滅しました。

私が過去にやってきたことは、1%も結果を出せていない。

1%も社会に影響を与えられていない。

自分はまだ、何も成し遂げてない。

そのプログラムにかかわった人たちの中で、「内向型」の本当の意味を知っている人はほとんどいませんでした。**「内向型」という性格を知識としてきちんと知って、受け入れる機会や環境があったなら、もっと早い段階でモヤモヤから解放されて自分らしさを開花できたかも**しれない。そんな思いがどんどん強くなっていって、私は今まで何をやっていたんだろうと、呆然としました。

そして、心に決めました。

内向型カウンセラーとしての活動を再開しよう。そして、内向型に対するイメージを変えて、「内向型を活かす生き方」を叶える人を増やそう、と。

帰国後にさっそく企画書を書いて、こうして、みなさんのもとに本書を届けることができました。

「ゆかりさんの自己紹介に共感してもっと話したいと思いました」
「自分と向き合い続けているところが素敵だと思いました」
「発表が苦手で余裕がなくなっていたので、話を聞いてもらえてよかったです」
「〝らしさを活かす〟というモットーに救われました」

プログラムの中でメンバーからもらった言葉の花束が、私の背中を押してくれました。

もしかしたらあなたにも、自信をなくし、自分を見失う日が、いつかまた訪れるかもしれません。でもそんなときは、いつでも本書に戻ってきてください。そしてまた、**ゆっくり「整える」ことから始めましょう。**

自分らしさを取り戻して、「内向型を活かす生き方」が叶いますように。

内向型カウンセラー　井上ゆかり

参考文献

- 『内向型を強みにする　おとなしい人が活躍するためのガイド』マーティ・O・レイニー／パンローリング
- 『「静かな人」の戦略書　騒がしすぎるこの世界で内向型が静かな力を発揮する法』ジル・チャン／ダイヤモンド社
- 『精神科医が教える「静かな人」のすごい力　内向型が「秘めたる才能」を120%活かす方法』大山栄作／SBクリエイティブ
- 『「ひとりが好きな人」の上手な生き方』ティボ・ムリス／ディスカヴァー・トゥエンティワン
- 『内向型人間のすごい力　静かな人が世界を変える』スーザン・ケイン／講談社
- 『LAの人気精神科医が教える　共感力が高すぎて疲れてしまうがなくなる本』ジュディス・オルロフ／SBクリエイティブ
- 『「気がつきすぎて疲れる」が驚くほどなくなる「繊細さん」の本』武田友紀／飛鳥新社
- 『感情は、すぐに脳をジャックする』佐渡島庸平（著）・石川善樹（著）・羽賀翔一（画）／学研プラス
- 『それ、勝手な決めつけかもよ？　だれかの正解にしばられない「解釈」の練習』阿部広太郎／ディスカヴァー・トゥエンティワン
- 『元サラリーマンの精神科医が教える　働く人のためのメンタルヘルス術』尾林誉史／あさ出版
- 『一番大切なのに誰も教えてくれない　メンタルマネジメント大全』ジュリー・スミス／河出書房新社
- 『悩みにふりまわされてしんどいあなたへ　幸せになるためのいちばんやさしいメンタルトレーニング』志村祥瑚・石井遼介／セブン＆アイ出版
- 『パーソナリティを科学する　特性5因子であなたがわかる』ダニエル・ネトル／白揚社
- 『よくわかるACT(アクセプタンス＆コミットメント・セラピー)明日からつかえるACT入門』ラス・ハリス／星和書店
- 『ACT（アクセプタンス＆コミットメント・セラピー）における価値とは』ジョアン・C・ダール・ジェニファー・C・プラム・イアン・スチュアート・トビアス・ラングレン／星和書店
- 『ACT　不安・ストレスとうまくやる　メンタルエクササイズ』武藤崇／主婦の友社
- 『THE POWER OF REGRET　振り返るからこそ、前に進める』ダニエル・ピンク／かんき出版
- 『ネガティブ思考こそ最高のスキル』オリバー・バークマン／河出書房新社
- 『Chatter（チャッター）「頭の中のひとりごと」をコントロールし、最良の行動を導くための26の方法』イーサン・クロス／東洋経済新報社
- 『限りある時間の使い方』オリバー・バークマン／かんき出版
- 『悩む心に寄り添う　自己否定感と自己肯定感』高垣忠一郎／新日本出版社
- 『「自己肯定感低めの人」のための本』山根洋士／アスコム
- 『新版 マインドフルネスの教科書「ストレス耐性」と「平常心」は鍛えられる』藤井英雄／Clover出版
- 『スマホ脳』アンデシュ・ハンセン／新潮社
- 株式会社アシックス公式サイト「『約15分9秒』の運動が、精神にポジティブな影響をもたらす　スポーツがメンタルにおよぼす効果に関する研究成果について」https://corp.asics.com/jp/press/article/2022-03-31

著者　井上ゆかり（内向型）

内向型カウンセラー。

自身が20年間コンプレックスを感じていた内向性を受け入れられるようになった経験と独自の分析力をもとに、2018年からSNSなどで「内向型を直さず活かす生き方」を発信。これまでに内向型コミュニティの主宰や講演、カウンセリングセッションなどを行う。

その後活動の幅を広げ、まじめながんばり屋さんが自分にやさしくなれる手帳「pure life diary」の開発や、モヤモヤを軽くするセルフケアノート講座を主宰。これらの活動を経て、約1万人の内向型の方と関わってきた。

2020年3月には日本人女性初となる内向型の書籍『もう内向型は組織で働かなくてもいい』（堤ゆかりとして／世界文化社）を出版。共著に『人生の純度が上がる手帳術』（ディスカヴァー21）がある。

監修　本橋へいすけ（両向型）

ライフコーチ。Mindset Coaching School 卒業。個人、法人、延べ3,000人以上を対象に認知科学をベースにした講座やコーチングを行う。本書では、脳と心のしくみの解説部分において監修を担当する。手帳「pure life diary」考案者。共著『人生の純度が上がる手帳術』（ディスカヴァー21）など。

イラスト	伊藤カヅヒロ（両向型）
本文デザイン	田中真琴（両向型）
カバーデザイン	小口翔平（両向型）＋青山風音（両向型）（tobufune）
校正	株式会社円水社
編集	大友　恵（まあまあ内向型）

＊内向型・外向型タイプの記載は、本書p16～18「あなたの内向型度がわかる診断テスト」をもとにしています。

「静かな人」の悩みがちな気質を直さず活かす3ステップ
世界一やさしい内向型の教科書

発行日　2024年6月5日　初版第1刷発行
　　　　2024年8月20日　　第2刷発行

著　者	井上ゆかり
発行者	岸　達朗
発　行	株式会社世界文化社
	〒102-8187 東京都千代田区九段北4-2-29
	電話　03-3262-6632（編集部）
	03-3262-5115（販売部）
製本・印刷	中央精版印刷株式会社

ISBN978-4-418-24600-7